山西博物院

藏品概览·瓷器卷 II

山西博物院 编

文物出版社

图书在版编目（CIP）数据

山西博物院藏品概览．瓷器卷．Ⅱ / 山西博物院编．--北京：文物出版社，2020.12
ISBN 978-7-5010-6719-0

Ⅰ．①山… Ⅱ．①山… Ⅲ．①文物—介绍—山西②古代陶瓷—介绍—山西 Ⅳ．① K872.25

中国版本图书馆 CIP 数据核字（2020）第 118172 号

山西博物院藏品概览·瓷器卷Ⅱ

编　　者 / 山西博物院

责任编辑 / 张晓曦
责任印制 / 张道奇
装帧设计 / 谭德毅

出版发行 / 文物出版社
社　　址 / 北京市东直门内北小街 2 号楼
邮政编码 / 100007
网　　址 / http://www.wenwu.com
经　　销 / 新华书店
制版印刷 / 天津图文方嘉印刷有限公司
开　　本 / 889毫米×1194毫米　1/16
印　　张 / 15
版　　次 / 2020年12月第1版
印　　次 / 2020年12月第1次印刷
书　　号 / ISBN 978-7-5010-6719-0
定　　价 / 280.00元

序言

山西位于黄河中游，地处中原农耕文化和北方草原文化交汇区域。特定的地理位置和多元的文化交流，为三晋大地留下了丰富而鲜明的历史文化遗产。山西现有不可移动文物53875处，其中全国重点文物保护单位452处。国有馆藏可移动文物320万件(组)。这些美轮美奂的文物，恰如散落在黄土地上的点点繁星，折射出华夏文明的璀璨光辉。

山西博物院前身为1919年创建的山西教育图书博物馆，是中国最早设立的博物馆之一，至今已有100年的历史。1953年起称山西省博物馆。2005年建成开放的山西博物院坐落在龙城太原美丽的汾河西岸，2008年起向公众免费开放，成为全国首批国家一级博物馆，是山西省最大的文物收藏、保护、研究和展示中心。院藏的40余万件文物荟萃全省精华，其中新石器时代陶寺遗址出土文物、商代方国文物、两周时期晋及三晋文物、北朝文物、石刻造像、历代地方陶瓷、金代戏曲文物等颇具特色。

为保护传承山西历史文化，合理利用文物资源，以文明的力量助推社会的发展进步，值此建馆100周年之际，我院将分期分批推出院藏文物精品图录，藉以向为山西博物馆事业付出辛勤劳动、无私奉献和关心支持的各界人士表示崇高的敬意和衷心的感谢！同时希望更多的社会各界人士关注、关爱、支持山西博物馆事业的发展！

回望百年，一代代晋博人薪火相传，筚路蓝缕。遥望未来，新时代的文博人将栉风沐雨，砥砺前行。习近平总书记强调，要“系统梳理传统文化资源，让收藏在博物馆里的文物、陈列在广阔大地上的遗产、书写在古籍里的文字都活起来”。作为三晋文化的弘扬和传承者，山西博物院将认真贯彻落实习近平总书记关于文物工作的重要指示批示精神，坚持把社会效益放在首位，着力打造“艺术展示的殿堂，学生学习的课堂，民众休闲的乐园”，使博物馆成为推动经济社会发展、彰显地域文化魅力、提升人民生活品质的有力支撑，为不断谱写新时代中国特色社会主义山西新篇章而不断努力！

谨以此献给山西博物院成立100周年。

山西博物院院长

2019年1月

综述

青花瓷器是以氧化钴为着色剂，在瓷胎上直接绘画，然后施以透明釉，在1300℃左右高温一次烧成的釉下彩瓷器。根据已知的考古资料，早在唐代河南省的巩县窑已经能够烧制出青花瓷器，到了元代，景德镇烧制的青花瓷日臻成熟，明清两代数百年间青花瓷已经成为瓷器生产的主流品种。

山西博物院藏明清青花瓷数量较多，时代多集中在明中期后，以明末清初为主，此期器物也更具代表性。本次遴选的各时期代表性器物百余件，青花色阶丰富，时代特征鲜明，映照出青花瓷器的清幽靓丽和丰富内涵。

一、明代青花瓷

1368年，朱元璋推翻元朝后建立了明朝。1369年，朱元璋将景德镇元代的浮梁磁局改建为御器厂，瓷器生产开始步入了一个新的阶段。由于使用钴料和绘画笔法不同、绘画题材有别，明代各时期的青花瓷呈现出较大的区别。一般分为洪武时期、永宣时期、空白期（正统、景泰、天顺期）、明中期（成化、弘治、正德期）、明晚期（嘉靖、隆庆、万历期）和明末（天启、崇祯期）。

洪武时期，青花瓷器总体风格和特征与元青花相近，但青花发色不如典型元青花浓翠，大多偏淡灰或黑色。青花瓷纹饰以花卉纹为主，常见扁菊纹，碗、盘类器多为糙底，底部多有红色护胎釉，且多数有明显刷纹。

永乐、宣德时期，是青花瓷生产的鼎盛期。从永乐三年到宣德七年（1405~1432年），郑和七下西洋，带回来了苏麻离青钴土矿，这种高铁低锰的钴料烧成后青花发色浓艳、深沉，可呈现出宝石蓝色泽，因含铁量高又常常出现黑色结晶斑，成为永宣官窑瓷器中的特有风格。永宣青花瓷胎质细腻洁白，釉层晶莹肥厚，制作风格清新雅丽。图案花纹以缠枝花卉常见。除了传统器形外，受伊斯兰文化影响较大，出现了一批模仿伊斯兰陶器、玻璃器、金银器、黄铜器等器形，如扁瓶、花浇、僧帽壶等。永宣时期，莲纹成为青花瓷器的典型纹饰，盛行在青花盘心绘一把莲纹，青花、莲花谐音为“清廉”。把莲纹（或曰束莲纹）是莲花纹的一种，是将折枝莲花、莲叶和莲蓬用锦带扎成束状，常见对称构图的一把莲，另有均齐式构图的二把莲和三把莲。院藏宣德束莲纹青花盘，釉质肥润，青花发色浓艳，盘心纹饰局部有铁锈斑，此盘纹饰构图疏密有致，笔法流畅娴熟，线条生动自然，画风典雅清新。相似的青花盘在故宫博物院多有收藏。

正统、景泰、天顺三朝，政局动荡，干戈不息。这个时期景德镇御器厂烧造的瓷器大多不书官窑年款，民窑生产的带纪年款瓷器也不多见，瓷器发展史料记录或模糊或空白，一般称这个时期为“空白期”。近年来，随着明代三朝纪年墓葬和御窑厂遗址的发现，对空白期瓷器有了一些认识。正统时期青花瓷更接近宣德风格，青花发色少数浓艳，大多采用含铁量低的国产料，发色灰暗，如院藏正统青花双耳瓶。景泰、天顺青花浅淡，纹饰疏朗，接近成化时期风格，如本院藏景泰青花麒麟纹罐，造型质朴，釉色泛青肥润，自口至底有四层纹饰带，纹饰间以弦纹，腹部三只麒麟四肢伸展，驰骋云间，纹饰疏密有致，时代特色鲜明。院藏明天顺七年青花波斯文筒式三足炉，釉面白中闪青，腹部以青花料书写有三行波斯文，取自波斯诗人萨迪的诗集《果园》，所书波斯文内容如“为政万万不可刺伤贫民百姓的心，欺压百姓就是在掘自家的根”，反映出动荡的社会现实和人民祈求平安的愿望。故宫博物院也藏有相似的青花波斯文三足炉，不同之处在于院藏炉青花发色浓重且多有晕散，铁质结晶斑明显，炉口沿施酱釉；故宫藏炉青花呈色稳定、纹饰清晰、无晕散，有轻微的铁质结晶斑，无酱釉装饰。

成化、弘治、正德时期，青花瓷器平稳发展，胎体清薄秀美，釉面肥厚光润，纹饰纤细活泼。不过，正德胎体较成化、弘治粗糙厚重。纹饰有云龙飞凤、仕女婴戏、树石栏杆、莲托八宝、松竹梅、“十”字杵、水藻莲花、缠枝莲、梵文、阿拉伯文等。在画法上，宣德以前多一笔点画，此期多双线勾勒填色。青花料采用国产青料平等青，青花色泽蓝中带灰，呈色淡雅柔和。正德时期还使用石子青，颜色浓艳闪灰，如院藏缠枝花卉纹青花梅瓶；晚期则使用了回青，发色浓艳闪紫。成化时期多小件器物，正德时期开始出现大型器。弘治时期有一种深腹浅里的青花碗较常见，此碗外似深腹，内底很浅，外底中心有一圆孔通腹部，腹部中空，传说三国时诸葛亮病重不思饮食，敌军派人来探，却看到诸葛亮一顿能吃好几碗，诸葛亮用此计迷惑对方，稳定了军心，因而这种造型的碗被称为“诸葛碗”。

明晚期景德镇督陶官改用地方官，御器厂规模日益扩大，瓷器生产数量巨大，大量出口，名扬天下。青花瓷构图繁密，纹饰繁多，风格热烈奔放，大型器物大量出现，如大缸、大盖罐、大盘、大瓶、绣墩等，其他器类也相对增大，显得笨拙敦实。器形有四方、六方、八方、瓜棱、花口、镂空等，葫芦瓶、方形盖盒、馒头心碗、冲耳三足炉、仰钟式碗、仿青铜爵等最为盛行。万历时期以蒜头瓶、壁瓶、笔管、莲瓣式盘、攒盘、瓷塑人像等最突出。如院藏青花攒盘，青花发色蓝中泛紫，盘内用格栏将空间分隔为中心一格和周边六格，俯视格栏整体呈火珠造型，每格内底均绘青花云龙纹，格栏壁上则绘青花云纹，外壁绘游龙戏珠。此期官窑纹饰仍以龙、凤、缠枝莲、婴戏图、莲池鱼藻等传统图案为主。嘉靖皇帝迷信道教，幻想成仙，无论官窑、民窑瓷器上常见松鹤、仙鹿、八卦、灵芝、“卍”字、八仙等富有道教色彩的纹饰，万历时期仍流行。如嘉靖麒麟花卉纹葫芦瓶，青花明艳泛紫，上腹圆鼓，下腹呈四方造型斜收，上腹部绘花蝶、洞石、小草，下腹部四壁圆形开光内均绘奔跑的麒麟。万历时期有青花云鹤纹筒炉、云鹤纹盖盒、花鸟纹葫芦瓶、八仙纹罐等。此外，描绘士人心情的山水人物图和清新活泼的禽鸟图也较常见。嘉靖青花多回青与石子青料配合使用，色泽艳丽闪紫。万历二十四年（1596年），回青料用竭，改用浙江青料，蓝中泛灰。万历时期的淡描青花，双勾图案花纹，恬淡幽雅，如院藏万历青花淡描人物花卉纹瓜棱罐等。

天启、崇祯时期，由于农民起义和清军入关，统治者无暇顾及瓷器生产，官窑瓷器基本不见，民窑瓷器大放光彩。青花发色或淡蓝闪灰，或艳蓝或黑灰。受当时绘画、木版画等影响，青花瓷纹饰以山水题材较为多见，如临江独钓、山庄屋宇、板桥归人等，其他如白兔、麒麟瑞兽、山石芭蕉、罗汉图、松竹梅、花鸟蝶虫等也多见。青花瓷主要器形有香炉、花觚、筒瓶、棱形瓶、笔筒等。如本院藏青花花鸟纹花觚、山水人物图筒瓶、花卉纹莲子罐、竹林七贤图笔筒等都有此期青花瓷的典型特征。

二、清代青花瓷

清代是青花瓷高度发展的一个时期，康熙、雍正、乾隆三朝时间近140年，瓷器生产在工艺技术和产量上都达到了历史高峰。康熙青花瓷造型挺拔，雍正青花瓷俊秀雅致，乾隆青花瓷做工精细，这与他们各自的汉学基础深、艺术趣味高以及重视瓷器烧造有关。嘉庆以后清政府日益腐败，经济衰退，不论官窑、民窑瓷器生产每况愈下。

顺治时期，青花瓷官窑瓷器极少，民窑器多见，多为供器和民间日用瓷。青花用浙料，呈色灰蓝或鲜艳，瓷胎坚硬细密，釉面青白厚亮，纹饰较粗犷，炉、罐所饰云龙纹忽隐忽现。如院藏青花云龙纹罐，云纹由浅淡的青花渲染而成，而龙纹的毛发、鳞片和爪则描绘很清晰，龙在缥缈浩荡的云里腾空飞舞，时隐时现。觚、罐等器物高大挺拔，纹饰多见芭蕉、瑞兽，碗、盘所绘人物故事，多居于庭院或室内，筒瓶纹饰常见洞石芭蕉。

康熙时期，青花瓷早期多沿袭顺治朝特点，中期渐成独特风格，开始使用云南的珠明料，青花发色浓翠，层次分明，远山近水，凹凸阴阳，富有立体感，有“青花五色”美誉。如院藏青花山水纹花觚，釉面莹润光亮，青花色调亮丽明快，呈色均匀稳定，器身饰山水纹，在深浅浓淡上呈现出了丰富的色阶，体现了洗、染、皴等中国山水画技法以及墨分五色的中国山水画艺术效果。康熙官窑青花多小件日用瓷和文房用具。民窑青花多大件，常见棒槌瓶、凤尾尊、观音瓶、将军罐等。胎质细润坚致，胎釉结合紧密，釉子粉白或青白。图案花纹多样，常见有缠枝莲、云龙、麒麟、独角兽、凤穿花、人物故事、雉鸡牡丹、山石牡丹、松竹梅、冰梅、博古图、“寿”字等，如院藏清康熙博古纹青花罐。民窑瓷多无款，部分有图记款，如犀角、盘肠、海螺、树叶、灵芝、鼎、炉等。康熙时期盛行仿制明宣德、成化、嘉靖时期器物，如康熙青花海马纹盘，外底青花双圈内书“大明嘉靖年制”双行六字青花楷书寄托款。以海马纹的题材为图案，在嘉靖时期尤为流行，但此件器物无论是胎釉亦或青花更具康熙时期的典型特征。

雍正六年至乾隆二十一年（1728～1756年），督陶官唐英悉心钻研制瓷技术，仿古创新精益求精，瓷器烧造有极大的发展。雍正官窑瓷胎坚致洁白，胎体轻薄，造型俊秀，纹饰雅致，发色幽静。器形有仿各朝各代瓷器品种，如仿宣德把莲纹盘、缠枝莲碗、花浇等，也有时代特点鲜明的牛头尊、石榴尊、八方扁瓶等。纹饰有传统的缠枝莲、龙凤纹，也常见折枝花、过枝花、花蝶、石榴、三果、花鸟等。民窑青花瓷纹饰多见缠枝花卉、凤穿花、花篮、人物故事等。

乾隆皇帝爱好广泛，偏好华丽，酷爱各类工艺美术品，刻意求精、求奇、求巧。《饮流斋说瓷》说：“至乾隆，则华缛极矣，精巧之致，几乎鬼斧神工，而古朴浑厚之致，荡然无存。故乾隆一朝，为有清极盛时代，亦为一代盛衰之枢纽也。”器形常见以象耳、螭耳、凤耳装饰的各类大瓶、各式贯耳瓶、天球瓶、鹿头尊等，如青花缠枝莲贯耳瓶、青花缠枝莲兽耳八宝尊。纹饰则趋于图案化，图必有意，意必吉祥，如院藏鱼化龙纹青花高足盘，青花色泽青翠，色阶丰富，足墙绘海水鱼龙变化图，寓意金榜题名，高升荣昌。除龙凤、缠枝莲外，还有折枝花果、古铜器纹、双龙团寿字、串枝莲、三果、婴戏、冰梅、松鹤等。

嘉庆时期，前期沿袭乾隆时期器形和花纹，后期逐渐走下坡路，品种减少，质量减退，“画工、彩料日趋愈下”，工艺粗糙，造型厚重笨拙。嘉庆青花大多深蓝，院藏缠枝牡丹纹盖盒，器身满饰青花缠枝牡丹纹，花瓣以篦划纹为装饰，发色较为蓝艳。此时较流行双勾不填色图案，色泽浅淡，院藏青花镂空罩灯，釉面白中泛青，青花色泽淡雅。图案装饰盛行花卉、婴戏、博古图和瓜蝶绵绵等。官窑瓷器出现帽筒，流行成套餐具，民窑瓷纹饰多绘缠枝牡丹或缠枝莲中写“喜”字或“寿”字。

道光时期，青花颜色或淡雅或深蓝，淡描勾莲纹饰较常见，常见纹饰有缠枝莲、八仙、夔凤、鱼藻、八宝、鸳鸯荷莲等，瓶、罐等大器多加“喜”字，清装仕女开始盛行，绘有英雄人物的无双谱和金石、博古图案是鲜明的时代特征。胎细坚致，釉肥粉白，大件器物胎子厚重，小件盘、碗薄细。如院藏青花梵文团花碗，釉面洁白光润，青花色浓微沉，胎体细腻，迎光可见另面纹饰。

咸丰、同治、光绪、宣统四朝，外患内乱，社会动荡，经济每况愈下，官窑瓷生产逐渐衰退，咸丰三年和四年烧制，此后停产，器形除碗、盘外，主要烧制有赏瓶、玉壶春瓶、缠枝莲八宝尊和渣斗。同治五年，御窑厂恢复生产，署“体和殿制”款的瓷器较为精致。光绪在位33年，大量仿制前朝瓷器。瓷胎厚重笨拙，釉面粗松稀薄，青花有黑褐色和淡蓝闪灰色，民窑青花开始出现“洋蓝”色，常见纹饰有龙凤、花卉、八仙、八宝、博古、百鹿等。宣统在位不到三年，器形纹饰多承旧制，瓷胎细白，釉面匀薄，青花色调浓艳。

青花瓷是明清时期景德镇生产的主流产品，其胎质细腻，釉质莹润，造型丰富，纹饰精美，不仅遍及全国，而且也行销海外，正所谓“工匠来八方，器成天下走”。青花瓷器蓝白相间，清新雅致，多年来深受国人宠爱，堪称中国古代瓷器中一朵绚丽的奇葩。

郭智勇

2020年10月

目录

明

束莲纹青花盘 2
束莲纹青花盘 4
缠枝花卉纹青花盘 6
葡萄纹青花盘 7
松竹梅纹青花梅瓶 9
青花双耳瓶 10
青花双耳瓶 11
麒麟纹青花罐 12
青花波斯文筒式三足炉 14
人物纹青花诸葛碗 16
鱼藻纹青花碟 17
缠枝花卉纹青花梅瓶 19
狮纹青花盖罐 20
人物纹青花罐 22
飞凤纹青花罐 24
八仙纹青花罐 26
麒麟花卉纹青花葫芦瓶 28
花鸟纹青花海碗 31
云龙纹青花炉 32
鸳鸯荷塘纹青花盆 33
花鸟纹青花罐 34
花卉纹青花盖罐 36
人物故事纹青花葫芦壁瓶 38
花鸟纹青花葫芦瓶 40
松鹤纹哥釉青花蒜头瓶 42
人物花卉纹青花筒式炉 44
云鹤纹青花筒式炉 46
高士纹青花三足炉 48
狮纹青花三足炉 49
花鸟纹青花三足炉 50
松竹梅纹青花瓜棱罐 51
人物花卉纹淡描青花瓜棱罐 52
梵文青花莲瓣形盘 55
高士图青花盘 56
龙纹青花攒盘 58
云鹤纹青花盖盒 60
青花弥勒坐像 62
人物故事纹青花罐 64
螭龙纹青花六棱罐 65
凤穿牡丹纹青花绣墩 66
狮子绣球纹青花绣墩 67
凤穿牡丹纹青花瓷枕 68
人物故事纹青花罐 70
人物故事纹青花罐 71
人物故事纹青花罐 72
花蝶纹青花罐 73
双龙戏珠纹青花罐 75
花鸟纹青花花觚 76
人物故事纹青花筒瓶 78
“丙吉问牛”纹青花筒瓶 80
花卉纹青花莲子罐 82
“丙吉问牛”纹青花莲子罐 83
竹林七贤图青花笔筒 84
伯乐相马图青花笔筒 86
人物纹青花笔筒 88
人物纹青花筒式炉 90
花鸟纹青花八方瓶 92

清

蕉叶麒麟纹青花花觚 92
蕉叶麒麟纹青花花觚 94
花鸟纹青花筒瓶 95
梅雀纹青花筒瓶 96
云龙纹青花罐 97
瑞兽纹青花罐 98
花鸟纹青花罐 101
折枝花卉纹青花罐 102
花鸟纹青花罐 103
花鸟纹青花盘 104
缠枝莲纹青花罐 107
狮子牡丹纹青花罐 108
凤穿牡丹纹青花花觚 109
凤穿牡丹纹青花花觚 110
博古纹青花花觚 111
山水纹青花花觚 112
八仙纹青花花觚 113
“老子出关”纹青花棒槌瓶 115
松鹤纹青花棒槌瓶 116
人物故事纹青花棒槌瓶 118
山水纹青花小瓶 119
缠枝莲纹青花长颈瓶 120
八卦纹青花双耳瓶 122
麒麟纹青花炉 124
博古纹青花三足炉 125
麒麟纹青花罐 126
人物故事纹青花罐 127
博古纹青花罐 128
博古纹青花罐 129
缠枝菊花纹青花罐 130
花鸟纹青花笔筒 131
“圣主得贤臣颂”青花笔筒 133
阿拉伯文青花筒式炉 134
香草龙纹青花葵口碗 135
人物纹青花花口碗 137
人物纹青花花口碗 138
教子纹青花碗 140
西厢记故事纹青花碗 143
缠枝莲纹青花碗 145
松竹梅纹青花碗 147
松竹梅纹青花盖碗 148
仕女纹青花小碗 150
仕女纹青花小碗 151
折枝牡丹纹青花大盘 152
凤凰牡丹纹青花大盘 153
海马纹青花盘 154
缠枝莲纹青花盘 157
龙凤纹青花盘 158
花果纹青花盘 161
缠枝莲纹青花盆 162
缠枝花卉纹青花双耳扁壶 163
人物故事纹青花笔筒 165
松竹梅纹青花小罐 166
松竹梅纹青花小罐 167
杂宝纹青花净水碗 168
梵文青花小碗 169
缠枝花卉纹青花大盘 170
双龙赶珠纹青花盘 173
云鹤九桃纹青花盘 175
缠枝莲纹青花盘 176
束莲纹青花盘 177
梵文青花碟 179
缠枝花卉纹青花洗 181
缠枝莲纹青花尊 182
缠枝莲纹青花尊 184
折枝莲纹青花棒槌瓶 185
夔纹青花盉口瓶 186
缠枝莲纹青花贯耳瓶 187
折枝花卉纹青花蒜头瓶 188
福寿纹青花扁瓶 189

团花纹青花撇口瓶 190
鱼化龙纹青花高足盘 191
缠枝莲托八宝纹青花碗 193
青花爵杯 194
青花爵杯山盘 196
八卦纹青花小盘 199
缠枝牡丹纹青花攒盒 201
青花镂空罩灯 203
青花镂空罩灯 204
文竹纹青花瓶 205
夔凤纹青花大碗 206
八仙纹青花碗 207
梵文团花纹青花碗 208
缠枝花卉纹青花碗 211
缠枝莲纹青花盘 212
缠枝牡丹纹青花天球瓶 214
缠枝花卉纹青花赏瓶 216
折枝花卉纹青花大盒 218
海怪纹青花碗 220
“八仙过海”纹青花双耳瓶 221
“五老观图”纹青花双耳瓶 222
山水纹青花瓶 223
刀马人物故事纹青花瓶 224
人物纹青花方瓶 225

瓷器卷Ⅱ·图版

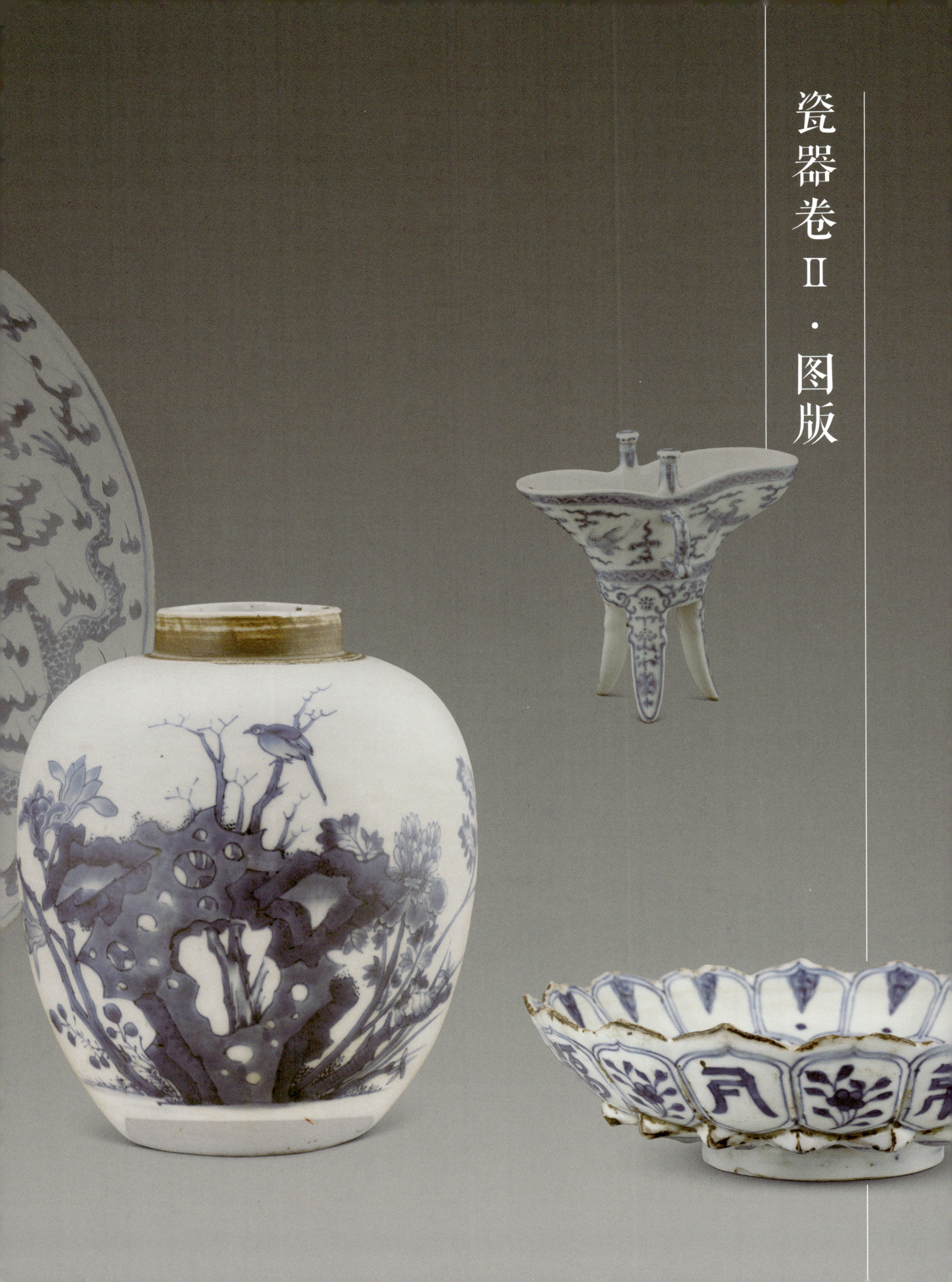

束莲纹青花盘

明宣德（1426~1435 年）
高 7 厘米，口径 34.2 厘米
1962 年北京征集

敞口，圆唇，弧腹，浅圈足，砂底。胎质细腻，釉质肥润，青花浓艳，盘心纹饰局部有铁锈斑。内壁口沿饰海水波涛纹，中下部饰缠枝花卉纹，盘心绘莲花、莲蓬、莲叶等，扎为一束，谓之“一把莲”。外壁口沿饰卷草纹，中部为缠枝花卉纹，下部饰回纹。构图疏密有致，笔法流畅娴熟，线条生动自然，画意清新典雅。

束莲纹青花盘

明宣德（1426~1435 年）
高 6.5 厘米，口径 34 厘米
1962 年故宫博物院调拨

敞口，圆唇，弧腹，浅圈足，砂底。胎质细腻，釉质肥润，青花色调深沉浓郁。口沿内外饰卷草纹，内外壁饰缠枝花卉纹，盘心绘莲花、莲蓬、莲叶、茨菰等，以绳带束之，谓之“一把莲”。构图疏朗有致，线条流畅自然。

缠枝花卉纹青花盘

明宣德（1426~1435 年）
高 7.9 厘米，口径 40.5 厘米，底径 26 厘米
1962 年故宫博物院调拨

敞口，折沿，浅腹，圈足。胎体洁白，胎质细腻，釉面莹润，青花呈色浓艳，局部沁入胎骨形成“铁锈斑”。折沿绘海水波涛纹，内外壁及盘心绘缠枝花卉纹。

葡萄纹青花盘

明宣德（1426~1435年）

高7厘米，口径37.1厘米，底径24厘米

1958年上海博物馆调拨

敞口，折沿，浅腹，圈足。胎体洁白，胎质细腻，釉面莹润，青花呈色浓艳，局部沁入胎骨形成“铁锈斑”，这种现象在盘心的葡萄纹上表现尤为明显。折沿绘海水波涛纹，内外壁绘缠枝花卉纹，盘心绘葡萄纹。

松竹梅纹青花梅瓶

明正统（1436~1449 年）
高 30 厘米，口径 5.4 厘米，底径 12 厘米
1933 年张顾三先生捐献

小口微撇，短颈，丰肩，上腹圆鼓，下腹渐收，束胫，近底处微外撇，平底。胎体洁白，胎质细腻，器身施釉，釉色泛青，底部未施釉。肩部饰缠枝莲纹，腹部饰松竹梅“岁寒三友”图，胫部为蕉叶纹。

青花双耳瓶

明正统（1436~1449 年）
高 14.6 厘米，口径 6.2 厘米，
底径 5.8 厘米
1958 年上海博物馆调拨

撇口，长颈，上腹圆鼓，下腹渐收，圈足外撇，颈部贴塑双象耳。胎体较白，胎质较疏松，器身及口沿内施釉，釉色泛青。颈部上下分别饰蕉叶纹和连续回纹，肩部饰莲瓣纹，上腹部绘折枝花卉纹，下腹部为变体莲瓣纹，圈足外壁绘花朵纹，不同纹饰带间隔以弦纹。

青花双耳瓶

明正统（1436~1449 年）
高 14.6 厘米，口径 6 厘米，
底径 5.8 厘米
1958 年上海博物馆调拨

撇口，长颈，上腹圆鼓，下腹渐收，圈足外撇，颈部贴塑双象耳。胎体较白，胎质较疏松，器身及口沿内施釉，釉色泛青。颈部上下分别饰蕉叶纹和连续回纹，肩部饰莲瓣纹，上腹部绘折枝花卉纹，下腹部为变体莲瓣纹，圈足外壁绘花朵纹，不同纹饰带间隔以弦纹。

麒麟纹青花罐

明景泰（1450~1457年）
高37厘米，口径18厘米，腹径36厘米，底径22厘米
1962年山西省太原市征集

直口，丰肩，上腹圆鼓，下腹渐收，近底处稍外撇，平底。胎体厚重，器身施釉，底未施釉，釉色泛青肥润。从口至底有四层纹饰，以弦纹相间，颈部为海水波涛纹，肩部开光内绘花果纹，腹部为主题纹饰，三只麒麟四肢伸展，驰骋云间，周身绕以“十”字祥云、火珠、杂宝，胫部为变体莲瓣纹。该罐造型质朴，画法以实笔为主，具有鲜明的时代特色。

青花波斯文筒式三足炉

明天顺（1457~1464 年）
高 11.7 厘米，口径 15.1 厘米，底径 14.2 厘米
2004 年山西省太原市文物商店移交

直口，筒腹，平底，三足。胎体洁白，胎质细腻，炉内外施釉，釉色青白，酱口。整体看青花色调灰暗，纹饰淋漓晕散。外壁绘青花纹饰，顶部为回纹。腹部书青花波斯文，内容节选自波斯诗人萨迪所著《果园》，其大意为："年轻人要敬主就应在今天，明朝人老青春一去不返还；只自己守斋远不算真正的穆斯林，还应分出食物周济穷人；如你心无烦扰身体就有力，身在宽广的球场就应把马球猛击；为政万万不可刺伤贫民百姓的心，欺压百姓就是在掘自家的根；谦逊的智者宛如果树一棵，挂果越多枝头越加弯曲。"内底和内壁所书青花文字分别为："天顺七年大同马"和"大同马氏书"。

此炉纪年确切，风格显著，是空白期瓷器中难得的标准器。

人物纹青花诸葛碗

明弘治（1488~1505 年）
高 7 厘米，口径 15.3 厘米，底径 5.8 厘米
旧藏

敞口，弧腹，圈足。碗内设一浅腹夹层，外底中心设一小孔，作为烧造时此夹层的通气孔。胎体洁白，胎质细腻，通体施釉，釉色泛青，足底刮釉一圈。碗内绘道教人物纹，间以松石、灵芝作点缀，碗外壁绘应龙纹和火珠纹。

诸葛碗又叫“孔明碗”，是一种供器。

鱼藻纹青花碟

明弘治（1488~1505 年）
高 3 厘米，口径 12 厘米，底径 4.5 厘米
1982 年山西省汾阳市征集

敞口，弧腹，卧足。胎体洁白，胎质细腻，通体施釉，足底刮釉一圈，釉色泛青，青花淡雅。碟内近口沿处绘青花弦纹一道，内底青花双圈内绘青花水草纹，内底中心鱼纹反瓷露胎。鱼纹表面因铁元素含量高，露胎氧化后呈现出了铁锈红色，铁锈红与青花搭配进而形成了类似青花红彩的艺术效果。

缠枝花卉纹青花梅瓶

明正德（1506~1521年）
高25.1厘米，口径4.7厘米
1958年上海博物馆调拨

小盘口，束颈，丰肩，腹部渐收，胫部外撇，浅圈足。胎体洁白，胎质细腻，器身及口沿内施白釉，釉色泛青。以青花双钩平涂笔法，在肩部绘如意云头纹，云头内饰折枝花卉纹，腹部为主题纹饰缠枝莲，胫部为变形莲瓣纹。

狮纹青花盖罐

明中期
高 12.3 厘米，口径 7.2 厘米，底径 8.2 厘米
1984 年山西省太原市采集

罐直口，丰肩，扁腹，上腹略鼓，下腹弧收，平底。盖子口，平沿，盖面隆起，宝珠纽。胎体洁白，胎质较细，盖面及器身施透明釉，釉略泛青。罐以青花双钩平涂的笔法，肩部饰如意云头纹，腹部主题纹饰为舞狮纹，狮子双目圆睁，蓬头髯须，逐球嬉戏，近底处饰莲瓣纹，纹饰间隔以弦纹。盖子宝珠纽用青料涂抹，盖面饰莲瓣纹。

人物纹青花罐

明嘉靖（1522~1566 年）
高 30.8 厘米，口径 17.5 厘米，底径 22 厘米
1953 年山西省太原市文物馆移交

直口微敞，短颈，丰肩，鼓腹，束胫，平底。胎体洁白，胎质细腻，罐内外均施釉，釉色泛青，外底未施釉，呈淡火石红色，青花色泽淡雅。颈部饰云鹤纹，肩部为如意云头纹，云头内绘折枝花卉纹，云头间以璎珞为饰，腹部绘人物故事图，有远山、近树、竹石、芭蕉、庭院、人物、卷云等，胫部绘海水山崖，纹饰带间隔以弦纹。

飞凤纹青花罐

明嘉靖（1522~1566 年）
高 33 厘米，口径 17 厘米
1953 年山西省太原市文物馆移交

撇口，短束颈，丰肩，鼓腹，束胫，平底。胎体洁白，胎质细腻，罐内外均施釉，釉色泛青，外底未施釉，青花色泽淡雅。颈部饰飘带云头纹，肩部为如意云头纹，云内绘折枝花卉，腹部绘飞凤穿花，胫部饰莲瓣纹，各纹饰以弦纹相间隔。

八仙纹青花罐

明嘉靖（1522~1566 年）
高 34.6 厘米，口径 16.2 厘米，底径 18 厘米
1983 年山西省太原市征集

直口，短颈，圆肩，上腹略鼓，下腹渐收，平底。胎体洁白，胎质细腻，通体施釉，底部未施釉，釉色微泛青，青花浅淡，色有分阶。颈部外壁绘锦地开光花卉纹，肩部饰锦地开光折枝花卉纹，腹部为锦地开光八仙图，肩、腹部开光间均有装饰着朵花的络绳纹，外壁下部绘青花莲瓣纹，外底青花双圈内书有“大明嘉靖年制”六字楷书款。

麒麟花卉纹青花葫芦瓶

明嘉靖（1522~1566年）

高31.5厘米，口径8.5厘米，腹边长15.8厘米，底边长10.5厘米

旧藏

直口，上腹圆鼓，下腹呈四方造型斜收，方圈足。胎体洁白，胎质细腻，通体施釉，圈足和外底均有刮釉痕迹，釉面泛青，青花明艳泛紫。口沿外壁绘卷草纹，上腹部绘花蝶、洞石、小草，下腹部四壁圆形开光内均绘奔跑麒麟。底足青料绘双方栏，内书“大明嘉靖年制”六字青花楷书款。

嘉靖重黄老之道，瓷器多具有道教色彩，葫芦瓶是该时期常见器，取“福禄”之意。

花鸟纹青花海碗

明嘉靖（1522~1566 年）
高 18 厘米，口径 36.5 厘米，底径 18.5 厘米
1986 年钱自在先生捐献

撇口，弧腹，圈足。胎体洁白，胎质细腻，通体施釉，釉色微泛青。外壁绘石榴树、洞石、小草，近底处绘莲瓣纹。器形规整，清新典雅。

云龙纹青花炉

明嘉靖（1522~1566 年）
高 33 厘米，口径 22.4 厘米
1953 年山西省太原市文物馆移交

盘口，束颈，鼓腹，三足。胎体洁白，胎质细腻，通体施釉，釉色泛青，青花浓艳有晕散。口沿外壁为锦纹，颈部绘缠枝花卉纹两组，腹部绘翼龙、火珠纹及海水山石。

鸳鸯荷塘纹青花盆

明嘉靖（1522~1566 年）
高 171 厘米，口径 27.6 厘米，底径 16.1 厘米
1953 年山西省太原市文物馆移交

折沿，深腹斜收，近底弧收，圈足。胎体略疏松，器身及内壁施釉，釉色泛青，内底心及圈足未施釉，青花微晕散。折沿饰卷草纹，外壁绘荷塘鸳鸯图，荷塘内有荷花、荷叶、莲蓬、鸳鸯、水波等，近底处饰莲瓣纹，圈足外壁饰卷草纹。

花鸟纹青花罐

明万历（1573~1620年）
高20.4厘米，口径9.1厘米，底径13.7厘米
1958年上海博物馆调拨

直口，丰肩，上腹圆鼓，下腹渐收，近底处稍外撇，平底。胎体洁白，质地细腻，通体施釉，釉色微泛青，青花纯正有晕散。肩部绘狮戏绣球纹，腹部绘花鸟、荷塘、双鸭、草虫，近底处绘莲瓣纹。

花卉纹青花盖罐

明万历（1573~1620 年）

高 47 厘米，口径 18.5 厘米，腹径 33.5 厘米，底径 20.5 厘米

1960 年北京市征集

直口，短颈，圆肩，鼓腹，平底。盖子口，盖面边缘较平，中心向上隆起，宝珠纽。胎体洁白，胎质细腻，通体施釉，底部未施釉，釉色微泛青，青花蓝中泛紫。颈部外壁绘卷草纹，肩部四个锦地开光，内均绘折枝花果纹，开光间均饰一组云头纹，腹部为四个锦地开光，内均绘花卉纹，开光间有装饰朵花和云头的络绳纹，外壁下部绘青花留白莲瓣纹。盖面亦饰锦地开光折枝花果纹样，盖纽顶部涂青料。

人物故事纹青花葫芦壁瓶

明万历（1573~1620 年）
高 26.3 厘米，长 11.6 厘米，宽 7.5 厘米
2001 年佛光寺文管所移交

造型如纵向截去一半的葫芦瓶。小口，上腹圆鼓，束腰，下腹圆鼓略扁，束胫，半圆形圈足。白釉闪青，青花蓝中泛紫。上腹绘花果洞石，束腰绘卷草纹，下腹绘人物故事纹，其内容似是“老子说经”。背部扁平，边缘用青花双线勾边，在相当于上腹部位置开一方形小孔，小孔上绘荷叶托起的长方牌形款，内书“大明万历年制”六字青花楷书款。

花鸟纹青花葫芦瓶

明万历（1573~1620年）
高43厘米，口径6.5厘米，底径17.8厘米
1958年山西省太原市征集

口内收，上部垂腹圆鼓，下部鼓肩弧腹，圈足。胎体洁白，胎质细腻，圈足露胎，通体施白釉，青花明艳。口沿外壁绘变形莲瓣及如意云头纹，上、下部均以岁寒三友为主题纹饰，并以花卉、飞鸟穿插其间。束腰处以锦底折枝花开光相间隔。

松鹤纹哥釉青花蒜头瓶

明万历（1573~1620 年）

高 40.2 厘米，口径 7.9 厘米，腹径 19.2 厘米，底径 14.8 厘米

旧藏

蒜头形口，束颈，垂腹，圈足。胎体较疏松，胎色白中泛黄，通体施釉，圈足刮釉，釉色泛黄，釉面满布鱼子状开片。腹部绘青花松树、鹿及仙鹤，寓意松鹤延年。

人物花卉纹青花筒式炉

明万历（1573~1620 年）
高 13.3 厘米，口径 12.7 厘米，底径 12.3 厘米
1957 年山西省太原市征集

直口微敛，内折沿，筒腹，下腹渐弧收，平底，三足。胎体洁白，胎质较细，釉色微泛青，青花浓艳。外壁口沿饰锦地开光折枝花卉纹，主题纹饰绘庭院人物、洞石、芭蕉、牡丹等纹饰。

云鹤纹青花筒式炉

明万历（1573~1620 年）
高 19.8 厘米，口径 24 厘米，底径 20.2 厘米
1953 年山西省太原市文物馆移交

直口微敞，内折沿，筒腹，腹部由上至下渐斜收，平底，三足。胎体洁白，胎质较细，通体施釉，釉色泛青，青花灰蓝。外壁顶端饰莲瓣纹，上部一周锦地开光折枝花果纹，中部主题纹饰为云鹤八卦纹，外壁下部绘海水波涛纹。

高士纹青花三足炉

明万历（1573~1620 年）
高 12.7 厘米，口径 29.5 厘米，底径 19.5 厘米
1959 年上海博物馆调拨

平折沿，束颈，鼓肩，弧腹，圜底，三兽足。胎白细腻，白釉闪青，青花蓝中泛紫。平沿绘锦地纹一周，颈部为折枝花卉纹，器身主题纹饰为三组锦地开光，开光内绘高士图。

狮纹青花三足炉

明万历（1573~1620 年）
高 7.6 厘米，口径 16.2 厘米
1959 年上海博物馆调拨

敛口，弧壁，底有三足。胎白细腻，白釉闪青，青花色淡。外壁以铁线描笔法绘有蕉叶栏杆及戏狮纹。狮子蓬头髯须，奔跑嬉戏，蕉叶描绘细密。万历晚期开创了铁线描绘画技法。

花鸟纹青花三足炉

明万历（1573~1620 年）
高 8 厘米，口径 17.4 厘米
1959 年上海博物馆调拨

敛口，弧壁，底有三足。胎白细腻，白釉闪青，青花浓重泛灰。外壁以铁线描笔法绘有花鸟纹，花瓣纹理及鸟的羽毛用匝密的线条表现。

松竹梅纹青花瓜棱罐

明万历（1573~1620年）
高18.5厘米，口径8.2厘米，底径12.5厘米
1953年山西省太原市文物馆移交

直口，丰肩，瓜棱腹，圈足。胎质细白坚硬，釉面光亮滋润，青花成色明翠。颈部有连续回文，腹部以岁寒三友松竹梅为主题纹饰，并以花卉、飞鸟穿插其间。大朵梅花五瓣，沟边渲染，小朵梅勾线填色留白，形态生动，笔法熟练。

此器是典型的瓜棱罐，明代晚期极为流行，时代特征明显。

人物花卉纹淡描青花瓜棱罐

明万历（1573~1620 年）
高 10.8 厘米，口径 4.6 厘米，底径 6.1 厘米
旧藏

直口，短颈，圆肩，瓜棱腹，上腹略鼓，下腹渐收，圈足。胎体洁白，胎质细腻，釉色微泛青，青花湛蓝。颈部饰竖线纹，肩部与腹部下缘各饰一道弦纹，八组竖线则将腹部等分为八个纵向空间，庭院、芭蕉、人物和菊花纹间隔排列。

61.B.611.

梵文青花莲瓣形盘

明万历（1573~1620 年）
高 6.3 厘米，口径 21.2 厘米，底径 8.5 厘米
1961 年山西省太原市征集

敞口，弧腹，圈足。胎体洁白，质地细腻，通体施釉，青花蓝中泛紫，足底刮釉一圈。盘心书梵文，梵文外绘云头纹两周，盘内壁绘莲瓣纹，外壁自上而下雕出大中小三重莲瓣，其中，最上层莲瓣内饰折枝花卉纹和梵文，二者间隔排列。

高士图青花盘

明万历（1573~1620年）
高4.3厘米，口径25厘米，底径17.2厘米
1986年钱自在先生捐献

敞口，弧腹，圈足。盘心青花双圈内绘高士图，一高士席地而坐，手持蒲扇，旁童子捧书侍立，背景有树石苔草。内壁开光内绘飞凤纹，开光间绘折枝花卉。外壁绘折枝花果纹。外底青花双圈内有六字青花楷款“大明万历年制”。

大明萬曆年製
S.4217

龙纹青花攒盘

明万历（1573~1620年）
高6.3厘米，口径21.2厘米，底径8.5厘米
1961年山西省太原市征集

敞口，折沿，弧腹，圈足。胎体洁白，胎质细腻，通体施釉，釉色微泛青，青花蓝中泛紫。盘内用格栏分隔为中心一格和周边六格，俯视格栏整体呈火珠造型。每格内底均绘云龙纹，格栏壁上则绘云纹，盘外壁绘游龙戏珠，圈足外壁绘卷草纹。圈足底部和口沿均刮釉，底部青花双圈内有"大明万历年制"六字青花楷书款。

攒盘又称槅子，是一种盛放食物的器具。

云鹤纹青花盖盒

明万历（1573~1620年）
高13厘米，口径21.5厘米，底径16厘米
1953年山西省太原市文物馆移交

子母口，盖面隆起呈弧形，平顶，弧腹，圈足。胎体洁白，质地细腻，通体施釉，釉面泛青，青花色暗，足底刮釉一圈，子母口接触面未施釉。盖顶、盖面、盒外腹部绘青花云鹤纹，盒与盖口沿外壁绘青花缠枝花卉纹，纹饰带之间以弦纹相间隔。

青花弥勒坐像

明万历（1573~1620 年）

高 28.5 厘米，长 19.3 厘米，宽 16 厘米

旧藏

弥勒佛法相亲和，袈裟半披，坦胸露腹，右臂戴念珠，思惟坐于须弥座上。胎体洁白，胎质细腻，通体施釉，釉色泛青。须弥座侧面自上而下分别饰仰莲纹和覆莲纹，弥勒佛发、眉、须均用青花描绘，袈裟上绘火焰、海水纹。

人物故事纹青花罐

明晚期

高 30 厘米，口径 11.7 厘米，底径 15.2 厘米

1962 年山西省太原市征集

直口，丰肩，弧腹，束胫，平底。胎体洁白，胎质细腻，通体施釉，底部未施釉，釉色微泛青，青花浅淡。颈部外壁绘卷草纹，肩部饰锦地开光折枝花卉纹，采用勾筋淡水点染的笔法在腹部描绘庭院人物，胫部为寿山福海瑞兽纹。

螭龙纹青花六棱罐

明晚期

高 11.1 厘米，口径 5.6 厘米，底径 6 厘米

1953 年山西省太原市文物馆移交

直口，短颈，鼓腹，圈足。口沿、腹部、圈足均为六方造型。胎体洁白，胎质细腻，釉色微泛青，青花浓艳。口沿外绘双弦纹，颈部饰云纹，颈、肩交接处和肩、腹交接处均饰双弦纹，其间饰蓝地白花缠枝卷草纹，腹部绘螭龙纹，螭龙执卷草，翻腾跳跃，毛发后飘，卷草尾。两螭龙间绘折枝卷草纹和云头纹，近底处饰双弦纹两组，其间饰简化莲瓣纹。外底心青花方框内书一篆体“福”字。

凤穿牡丹纹青花绣墩

明晚期

高 37 厘米，面径 22.5 厘米

1953 年山西省太原市文物馆移交

平顶，鼓腹，圈足。胎体洁白，胎质较细，通体施釉，釉色泛青，青花泛灰，圈足刮釉一圈。顶面绘狮子绣球纹，顶面中心青花双圈内绘莲瓣纹，莲瓣中央戳有一小孔。外壁顶端绘一条弦纹，下绘如意云头纹，云头内均绘折枝卷草纹，腹部满绘凤穿牡丹，两边对称贴塑兽面，近底处绘海水波涛纹，纹饰之间以鼓钉相隔。

狮子绣球纹青花绣墩

明晚期
高 40 厘米，面径 22.5 厘米
1953 年山西省太原市文物馆移交

顶面隆起，鼓腹，最大径在下腹部，圈足。胎体洁白，胎质较细，通体施釉，釉色微泛青，青花湛蓝，圈足刮釉一圈。顶面绘狮子绣球纹，绣球纹外绘弦纹一条，顶面中心青花双圈内绘莲瓣纹，莲瓣中央戳有一小孔。外壁顶端绘莲瓣纹，莲瓣纹内均绘锦地朵花，腹部绘狮子绣球纹，绣墩上下缘均饰三弦纹和鼓钉纹，近底处绘海水波涛，腹部贴塑兽面一对，并绘兽面衔环。

凤穿牡丹纹青花瓷枕

明晚期

长 33.3 厘米，侧面方 15.5 厘米

1983 年山西省太原市征集

枕正面呈束腰长方形。胎体洁白，胎质细腻，通体施釉，釉色微泛青，侧面边缘刮釉刻连续回纹。相对的两个枕面均在菱花形的开光内绘凤穿牡丹纹，开光间以套勾纹缠绕相连。枕侧面青花双线勾边内绘折枝如意“卍”字纹、“福”“寿”纹，两侧面中心均戳有一小孔。

人物故事纹青花罐

明万历～天启（1573~1627年）
高19.2厘米，口径7.3厘米，底径12.2厘米
1962年山西省太原市征集

直口，短颈，圆肩，弧腹，圈足。胎体洁白，胎质较细，通体施釉，釉色微泛青，青花浓艳，酱口，圈足刮釉一圈。口沿下饰弦纹一条，颈、肩交接处饰双弦纹，肩部饰锦地开光折枝花果纹，肩、腹交接处绘弦纹三条，腹部绘庭院人物、草木竹石。外底有青花兔纹花押款。

人物故事纹青花罐

明万历～天启（1573~1627年）
高18.7厘米，口径6.7厘米，底径10厘米
1953年山西省太原市文物馆移交

直口，短颈，圆肩，弧腹，圈足。胎体洁白，胎质较细，通体施釉，釉色微泛青，青花色调蓝中闪灰。酱口，圈足刮釉一圈。肩部饰锦地开光折枝花果纹，腹部绘庭院人物、草木竹石，外底有青花兔纹花押款。

人物故事纹青花罐

明万历～天启（1573~1627年）
高19厘米，口径7.5厘米，底径11厘米
1953年山西省文管会移交

直口，短颈，圆折肩，上腹略鼓，下腹渐收，圈足。胎体洁白，胎质较细，通体施釉，釉色微泛青，酱口，圈足刮釉一圈。肩部饰锦地开光折枝花果纹，腹部绘庭院人物、草木竹石，外底有青花兔纹花押款。

花蝶纹青花罐

明万历～天启（1573~1627 年）
高 16.5 厘米，口径 7.6 厘米，腹径 15.3 厘米，底径 11 厘米
旧藏

直口，短颈，圆折肩，上腹略鼓，下腹渐收，圈足。胎体洁白，胎质较细，通体施釉，釉色微泛青，青花浓艳，圈足刮釉一圈。口沿饰弦纹一条，肩部饰锦地开光折枝花果纹，腹部绘花蝶、洞石，近底处绘简化莲瓣纹，外底有青花兔纹花押款。

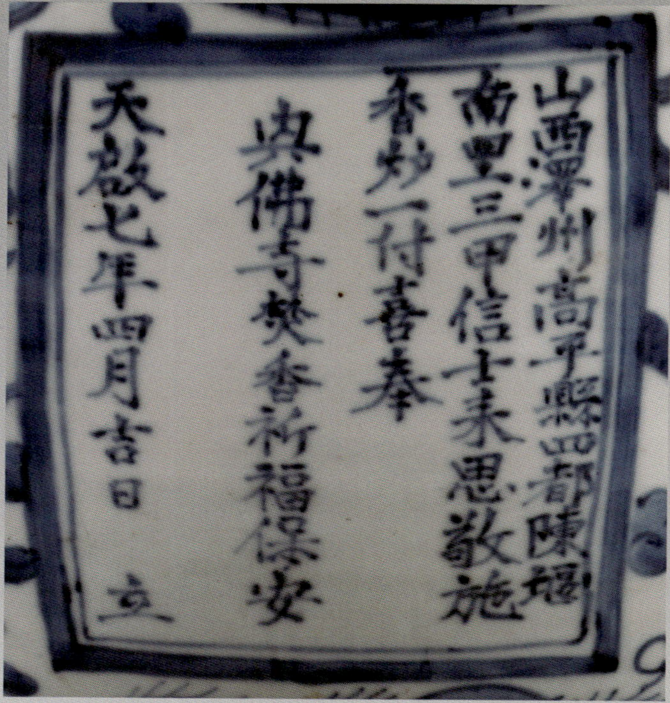
山西澤州高平縣四都陳堝
南里三甲信士来思敬施
香炉一付喜奉
与佛寺焚香祈福保安
天啟七年四月吉日
立

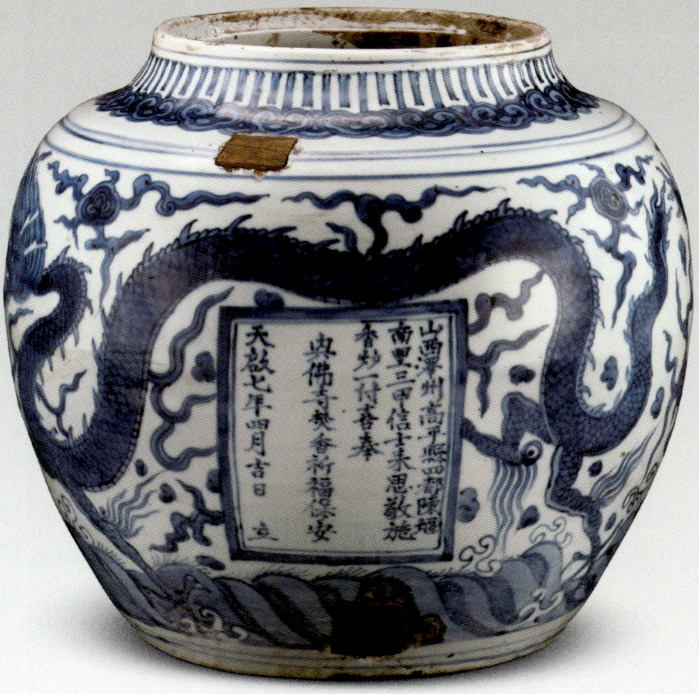

双龙戏珠纹青花罐

明天启（1621~1627年）

高31.5厘米，口径19.5厘米，腹径34.3厘米，底径20厘米

旧藏

敛口，短颈，丰肩，鼓腹，圈足。胎体洁白，胎质细腻，通体施釉，釉色微泛青，圈足刮釉。颈部饰莲瓣纹，下饰云头纹，腹部绘双龙戏珠，脚踏海水山崖，火珠下纵向长方框内书“皇帝万万岁”，另一侧纵向长方框内书“天启七年”。

花鸟纹青花花觚

明崇祯（1628~1644 年）
高 22 厘米，口径 14.2 厘米，底径 10.8 厘米
旧藏

敞口，束腰，圈足。胎体洁白，胎质细腻，通体施釉，釉色微泛青，青花色泽淡雅，圈足底部刮釉。外壁上部绘花鸟纹，束腰处绘缠枝花卉纹，近底处为莲瓣纹。

人物故事纹青花筒瓶

明崇祯（1628~1644 年）
高 26.8 厘米，口径 6.5 厘米，底径 7 厘米
1962 年故宫博物院调拨

敞口，束颈，筒形长腹，平底。胎体洁白，胎质细腻，器身及口沿内施釉，釉色微泛青，底部未施釉，青花青翠，色有分阶。颈部饰蕉叶纹，腹部绘人物故事纹。

山石的描绘运用了晕染的手法，以地皮锦的画法来表现近处草叶，是晚明时期的一种绘画手法。肩部暗刻卷草纹，近底处暗刻海水纹。这种装饰方法，在崇祯时期较为流行。

“丙吉问牛”纹青花筒瓶

明崇祯（1628~1644 年）
高 7.7 厘米，口径 7 厘米，底径 7.2 厘米
1953 年山西省太原市文物馆移交

敞口，束颈，筒腹，平底。胎体洁白，胎质细腻，器身及口沿内施釉，釉色微泛青，青花青翠，底部未施釉。颈部饰蕉叶纹，腹部绘“丙吉问牛”故事图，肩部暗刻卷草纹，近底处暗刻海水纹。

花卉纹青花莲子罐

明崇祯（1628~1644 年）
高 20.8 厘米，口径 9 厘米，腹径 13.1 厘米，底径 7.5 厘米
1957 年呼延鑫先生捐献

直口，橄榄形腹，圈足。胎体洁白，胎质细腻，通体施釉，釉色微闪青，圈足底部刮釉。腹部绘梅、兰、竹、荷、牡丹等，近底处和圈足外壁均饰划花弦纹两条。

“丙吉问牛”纹青花莲子罐

明崇祯（1628~1644 年）
高 25 厘米，口径 13.7 厘米，底径 12.3 厘米
1960 年北京市征集

直口，橄榄形腹，圈足。胎体洁白，胎质细腻，通体施釉，釉色微闪青，青花青翠，圈足底部刮釉。腹部绘“丙吉问牛”人物故事，采用了晕染和地皮锦的绘画手法。

竹林七贤图青花笔筒

明崇祯（1628~1644 年）
高 21.2 厘米，口径 20.2 厘米，底径 18.2 厘米
1962 年故宫博物院调拨

直口，筒腹，平底。胎体洁白，胎质细腻，通体施釉，釉色微闪青，青花青翠，底部未施釉，有跳刀痕。腹部绘竹林七贤图，七贤或坐或斜倚石上，相对畅谈，童子在旁捧书、煮茶，山石晕染，地有地皮锦。外壁顶部暗刻缠枝花卉纹，近底处暗刻海水纹，两组暗刻纹饰上下均有暗刻弦纹。

伯乐相马图青花笔筒

明崇祯（1628~1644 年）
高 15.7 厘米，口径 8.4 厘米，底径 7.8 厘米
1959 年上海博物馆调拨

直口，筒腹，平底。胎体洁白，胎质细腻，通体施釉，釉色微闪青，青花青翠，底部未施釉。腹部绘伯乐相马图，伯乐手持马鞭，马儿俯首吃草，外壁顶部暗刻缠枝花卉纹，近底处暗刻海水纹，两组暗刻纹饰上下均有暗刻弦纹。

人物纹青花笔筒

明崇祯（1628~1644年）
高16.8厘米，口径7.9厘米，底径7.5厘米
1959年上海博物馆调拨

直口，筒腹，平底。胎体洁白，胎质细腻，通体施釉，釉色微闪青，青花泛灰，底部未施釉。腹部绘人物图，一人独立，衣巾飘逸。一渔夫俯首站于船上，周边绘有柳燕翻飞，孤山迎松，笔触纤细，淡水山石，画风清丽。外壁顶部暗刻花卉纹，近底处暗刻海水纹，两组暗刻纹饰上下均有暗刻弦纹。

人物纹青花筒式炉

明末
高 14.5 厘米，口径 17 厘米，底径 19.8 厘米
1960 年山西省太原市征集

直口微敛，内折沿，筒腹，下腹略弧收，平底，近底处贴塑三假足。胎体洁白，胎质较细，釉色微泛青，青花湛蓝。外壁口沿饰卷草纹，腹部主题纹饰绘人物、树木、洞石、小草等。

花鸟纹青花八方瓶

明末
高 21.3 厘米，口径 5.3 厘米，
底径 6.7 厘米
旧藏

瓶为八方造型，直口，短颈，上腹圆鼓，下腹收束，近底处稍外撇，平底。胎体洁白，胎质细腻，器身及口沿内施釉，釉色微泛青，青花深沉，底部未施釉。颈部饰折枝花卉纹，肩部绘方格锦纹，腹部饰庭院花卉，绘有雕栏、牡丹、竹、菊、蝴蝶、佛手、荷叶以及书匣和博古器物。

蕉叶麒麟纹青花花觚

清顺治（1644~1661 年）
高 40.2 厘米，口径 18.5 厘米，底径 13.6 厘米
1953 年山西省太原市文物馆移交

撇口，筒腹，胫部外撇，平底。胎体洁白，胎质细腻，通体施釉，釉色微闪青，酱口，青花青翠明艳，底部无釉。外壁上部绘芭蕉、麒麟，蕉叶繁茂叶子舒展，茎脉纤细，麒麟怒发冲冠，双目圆整，回首吐火，鳞片致密有留白，麒麟下绘一周折枝花、怪石，外壁下壁绘蕉叶纹。

蕉叶麒麟纹青花花觚

清顺治（1644~1661 年）
高 41.5 厘米，口径 18 厘米，底径 12.5 厘米
旧藏

撇口，粗直颈，腹部略鼓，胫部外撇，平底。胎体洁白，胎质细腻，通体施釉，釉色微闪青，青花浓艳，底部无釉。外壁口沿绘几何纹，颈部外壁绘麒麟，麒麟怒发冲冠，双目圆整，回首长啸，鳞片致密有留白，腹部鼓处绘折枝花卉和洞石纹。腹部之下绘蕉叶纹。

花鸟纹青花筒瓶

清顺治（1644~1661 年）
高 19 厘米，口径 3.9 厘米，底径 5.3 厘米
1953 年山西省太原市文物馆移交

敞口，束颈，筒腹，上腹略鼓，平底。胎体洁白，胎质细腻，器身和口沿内施釉，釉色微泛青，青花深沉。酱口，底部未施釉。颈部饰草叶纹，腹部绘花鸟纹。

梅雀纹青花筒瓶

清顺治（1644~1661 年）
高 9.4 厘米，口径 4.4 厘米，底径 5.5 厘米
1986 年钱自在先生捐献

敞口，束颈，筒腹，上腹略鼓，平底。胎体洁白，胎质细腻，器身和口沿内施釉，釉色微泛青，青花深沉。酱口，底部未施釉。颈部饰草叶纹，腹部绘梅雀纹。

云龙纹青花罐

清顺治（1644~1661 年）
高 24.5 厘米，口径 7.8 厘米，底径 12 厘米
1953 年山西省文管会移交

直口，丰肩，弧腹，平底。胎体洁白，胎质细腻，器身施釉，釉色微闪青，青花灰淡，口沿外壁和底部未施釉。腹部绘云龙纹，云纹由浅淡的青花渲染而成，而龙纹的毛发、鳞片和爪均描绘得很清晰，龙在缥缈浩荡的云里腾空飞舞，时隐时现，亦真亦幻。

瑞兽纹青花罐

清顺治（1644~1661 年）
高 25.6 厘米，口径 9.3 厘米，底径 12.3 厘米
1986 年钱自在先生捐献

直口，圆肩，弧腹，平底。胎体洁白，胎质细腻，器身施釉，釉色微闪青，青花浓重，口沿外壁和底部未施釉。腹部绘青花雕栏、山石、草木、麒麟、火焰纹。

花鸟纹青花罐

清顺治（1644~1661 年）
高 24.6 厘米，口径 8.3 厘米，底径 11.2 厘米
1953 年太岳行署移交

直口，短颈，圆肩，弧腹，平底。胎体洁白，胎质细腻，器身施釉，青花浓重，口沿外壁和底部未施釉。腹部绘洞石花鸟。

折枝花卉纹青花罐

清顺治（1644~1661 年）
高 25.5 厘米，口径 8 厘米，底径 13.3 厘米
1962 年山西省太原市征集

直口，丰肩，弧腹，平底。胎体洁白，胎质细腻，器身施釉，釉色微闪青，青花浓重，口沿外壁和底部未施釉。腹部绘青花折枝花卉纹，有梅、兰、竹、荷、洞石等。

花鸟纹青花罐

清顺治（1644~1661 年）
高 6.8 厘米，口径 5.4 厘米，底径 7 厘米
1936 年荆磐石先生捐献

口微撇，束颈，弧腹，胫部外撇，平底。胎体洁白，胎质细腻，器身施釉，釉面光亮，青花翠绿，底部无釉。颈部饰简化莲瓣纹，腹部绘花草洞石，花卉和枝叶上的青花均有深浅浓淡之分，色阶丰富，层次分明。

花鸟纹青花盘

清早期

高 4 厘米，口径 19.7 厘米，底径 10.4 厘米

1961 年山西省太原市征集

敞口，弧腹，圈足。胎体洁白，胎质细腻，通体施釉，釉色微泛青，圈足刮釉。口沿内绘弦纹一条，盘心菱花形开光内绘洞石花卉，外壁绘折枝卷草纹，外底双圈内书“合泉”二字。

缠枝莲纹青花罐

清康熙（1662~1722年）
高26.9厘米，口径11.1厘米，底径14.5厘米
1962年山西省太原市征集

直口，短颈，丰肩，束胫，圈足。胎体洁白，胎质细腻，通体施釉，釉面光亮，青花明艳，圈足刮釉。口沿下和颈、肩交接处饰斜线纹，颈部饰蓝地白花缠枝莲花纹，器身饰蓝地白花折枝莲花和折枝牡丹纹，近底处绘莲瓣纹和弦纹，外底青花双圈内绘一青花花押。

狮子牡丹纹青花罐

清康熙（1662~1722 年）
高 37 厘米，口径 20 厘米，腹径 34.8 厘米，底径 20.5 厘米
1961 年山西省太原市征集

直口，短颈，丰肩，弧腹，近底外撇，平底。胎体洁白，胎质细腻，器身及口沿内施釉，釉面光亮，青花色泽青翠鲜亮。酱口，底部无釉。颈部饰莲瓣纹，肩部绘几何纹，腹部绘青花缠枝牡丹和狮纹。

凤穿牡丹纹青花花觚

清康熙（1662~1722 年）
高 38 厘米，口径 19 厘米，底径 13.5 厘米
1953 年山西省太原市文物馆移交

敞口外撇，长颈挺拔，丰肩，腹内敛，圈足外撇，又称“凤尾尊”。胎体洁白，胎质细腻，通体施釉，釉面光亮。器身满绘凤穿牡丹纹，牡丹双犄，花瓣边缘有留白。

康熙年间的花觚，整体风格雍容华贵，青花色泽浓翠艳丽。尊上下两层均绘有凤凰和牡丹纹样，其中牡丹花花瓣皆分向两边，呈双犄状，俗称为“双犄牡丹”，此为明末清初牡丹特色。匠师用浓艳的笔墨和留白的技法表现出了青花的色泽与纹饰的层次感，营造出了华丽繁复而又生动活泼的艺术效果。

凤穿牡丹纹青花花觚

清康熙（1662~1722 年）
高 44 厘米，口径 22.6 厘米，底径 13 厘米
1953 年山西省太原市文物馆移交

撇口，长直颈，腹内敛，近底处外撇，圈足。胎体洁白，胎质细腻，通体施釉，釉面光亮，青花发色浅淡且晕散，圈足无釉，外底施釉。器身满绘凤穿牡丹纹，牡丹双犄，花瓣边缘有留白。外底绘青花双圈。

博古纹青花花觚

清康熙（1662~1722 年）
高 47 厘米，口径 22.8 厘米，
腹径 17.8 厘米，底径 14 厘米
旧藏

撇口，长直颈，腹内敛，近底处又外撇，平底。胎体洁白，胎质细腻，通体施釉，釉面光亮，青花色调蓝中闪灰且略带晕散，底部无釉。器身满绘牡丹纹，并饰菱花形开光八个，开光内均绘博古纹。器身口沿处和近底处均绘弦纹一条，颈、肩交接处绘弦纹两条。

山水纹青花花觚

清康熙（1662~1722 年）
高 47 厘米，口径 23 厘米，
腹径 16.5 厘米，底径 15.3 厘米
旧藏

撇口，长直颈，腹内敛，近底外撇，圈足。胎体洁白，胎质细腻，通体施釉，釉面莹润光亮，青花色调亮丽、明快，呈色均匀、稳定，圈足无釉，外底施釉。器身颈部绘山石、亭台、树木、小草、水岸、木舟以及撑船人，腹部绘山石、流云、苍松、水岸、高士、童子、小舟以及撑船人，口沿、颈肩交接处和近底处均绘垛口纹和弦纹。青花呈色在深浅浓淡上表现出了丰富的色阶，洗、染、皴等中国山水画技法以及墨分五色的中国山水画艺术效果在康熙青花瓷器上得到了集中运用并大放光彩，并因此形成了中国青花瓷器发展的又一个高峰。

八仙纹青花花觚

清康熙（1662~1722 年）
高 44.6 厘米，口径 21.2 厘米，底径 14.6 厘米
1953 年山西省太原市文物馆移交

撇口，长直颈，腹内敛，近底外撇，圈足。胎体洁白，胎质细腻，通体施釉，釉面莹润光亮，圈足刮釉，青花色调明亮、艳丽，呈色均匀、稳定。器身在方格锦地上饰八个菱花形开光，开光内绘雕栏、山石和八仙人物，外底绘青花双圈。

“老子出关”纹青花棒槌瓶

清康熙（1662~1722年）
高46.8厘米，口径12.4厘米，
底径12.5厘米
1962年故宫博物院调拨

浅盘口，直颈，筒腹，圈足。胎体洁白、坚致，通体施釉，釉面莹润光亮，青花青翠，圈足底端刮釉。盘口外壁和颈肩交接处绘几何纹，颈部绘竹纹和弦纹，腹部绘老子出关图，老子慈眉、善目、长须，骑牛前行，左手执如意，右手执简册，二童子随行于后，外底绘青花双圈。

松鹤纹青花棒槌瓶

清康熙（1662~1722年）
高45.9厘米，口径12.3厘米，
底径15.5厘米
1961年北京市征集

浅盘口，直颈，筒腹，圈足。胎体洁白，胎质细腻，通体施釉，釉面光亮，圈足底端刮釉。颈部绘竹纹和弦纹，腹部绘山水、松、鹿、鹤，山石晕染自然，云雾缭绕，一派闲云野鹤，世外清雅的景色，外底绘青花双圈。

人物故事纹青花棒槌瓶

清康熙（1662~1722 年）
高 20.5 厘米，口径 4.9 厘米，
底径 7.3 厘米
1948 年白义斋先生捐献

撇口，细直颈，筒腹，圈足。胎体洁白，胎质细腻，通体施釉，釉面光亮，青花发色偏灰，圈足底端刮釉。颈部饰竹纹和弦纹，腹部绘人物故事纹，其中一人手持爵杯，疾步向前，进献官宦，寓意加官进爵，外底绘青花双圈。

山水纹青花小瓶

清康熙（1662~1722 年）
高 20.3 厘米，口径 5.7 厘米，底径 5.9 厘米
1953 年山西省太原市文物馆移交

敞口，长颈略束，腹部略垂，圈足。胎体洁白，胎质细腻，通体施釉，釉面莹润光亮，圈足底端刮釉。口沿下饰波浪纹，器身绘山水人物楼阁，远山绵延而起，楼阁依山傍水，阁内简单勾勒出人影，树木郁郁葱葱掩于山水之间。

小瓶上的青花山水布局合理，疏朗有致，画风清秀，画意深远。如一幅闲适、清雅的山水图卷展现在了眼前，使中国山水画的形与神在瓷器上得到了完美的诠释。

缠枝莲纹青花长颈瓶

清康熙（1662~1722年）
高42.8厘米，口径12.5厘米，
腹径20.8厘米，底径13.8厘米
旧藏

撇口，长直颈，垂腹，圈足。胎体洁白，胎质细腻，通体施釉，釉面光亮，青花浓艳青翠，圈足底部刮釉。口沿外壁和上腹部均绘折线纹，颈部和下腹部绘缠枝莲花纹。此瓶青花色调较为浓艳，充分运用了洗、染这两种绘画技法，将花卉、枝叶的阴阳向背表现的淋漓尽致。

八卦纹青花双耳瓶

清康熙（1662~1722 年）
高 37.9 厘米，口径 13.7 厘米，底径 14.5 厘米
1962 年故宫博物院调拨

敞口，长颈，垂腹，两层台式圈足，颈部贴塑象耳一对。胎体洁白、细腻、坚致，通体施釉，釉面匀净、光亮，胎釉结合后白度很高，完全摆脱了元明以来白瓷釉色泛青的状况，圈足底端刮釉。口沿外壁绘雷纹，颈部绘变体莲瓣纹和兽面纹，上腹部绘道教八卦图案，下腹部绘变体莲瓣纹，胫部为覆莲纹，近底处饰弦纹。

麒麟纹青花炉

清康熙（1662~1722 年）

高 14.4 厘米，口径 23.4 厘米，底径 12.2 厘米

1953 年山西省太原市文物馆移交

敞口，颈部略束，扁腹略垂，圈足。胎体洁白，胎质细腻，通体施釉，釉面光亮，青花青翠，圈足刮釉。颈部饰云纹和杂宝，颈、腹部交接处饰双弦纹，腹部绘麒麟、火焰和云纹，外底绘青花双圈。

博古纹青花三足炉

清康熙（1662~1722年）
高12.5厘米，口径22.1厘米
1953年太岳行署移交

折沿，短颈，扁鼓腹，三足。胎体洁白，胎质细腻，通体施釉，釉面光亮，青花色深，炉底部、三足底部均刮釉。颈部饰锦地开光四个，开光内均绘云纹，腹部绘博古图以及杂宝。

麒麟纹青花罐

清康熙（1662~1722 年）
高 20.7 厘米，口径 10 厘米，底径 13.3 厘米
1962 年故宫博物院调拨

口微敛，广肩，弧腹，圈足。胎体洁白，胎质细腻，通体施釉，釉面光亮，胎釉结合后白度很高，口沿外壁、肩部内侧以及圈足底端刮釉，青花明艳青翠。肩部饰斜线纹和弦纹，器身绘三只麒麟，或拱背舒展或回首相望，站于礁石之上，周身海水波涛翻滚，远山祥云环绕。画面运用了洗、染、皴等多种绘画技法，使画面呈现出了很强的立体感，深浅浓淡上呈现出了丰富的色阶。

人物故事纹青花罐

清康熙（1662~1722年）
高20.6厘米，口径8.5厘米
1958年上海博物馆调拨

口微敛，弧腹，圈足。胎体洁白，胎质细腻，通体施釉，釉面光亮，口沿外壁、肩部内侧以及圈足底端刮釉，青花色泽明亮。肩部饰云纹和弦纹，器身绘一仙人手持如意，跨坐麒麟，仪仗开道，周边绘有庭院、山石、芭蕉、流云，通过青花的深浅浓淡来表现蕉叶和山石的阴阳向背，外底绘青花双圈。

博古纹青花罐

清康熙（1662~1722 年）

高 20 厘米，口径 10.3 厘米，底径 12.9 厘米

1953 年山西省太原市文物馆移交

直口，丰肩，弧腹，圈足。胎体洁白，胎质细腻，通体施釉，釉面光亮，口沿外壁、肩部内侧以及圈足底端刮釉。肩部饰斜线纹，器身以冰梅纹为地，有两个菱花形开光，内绘博古纹和杂宝，外底绘青花双圈。

冰梅纹是康熙时期的很常见的一种纹饰，其绘画方法是：先在胎体上绘冰裂纹和梅花纹，而后，用较为浅淡的青料将冰裂纹平涂，同时将梅花纹进行留白处理，即不涂青料，这样就形成了白色的梅花浮于深色冰裂纹之上的艺术效果，梅花或四朵一簇，或单独一朵，典雅别致。

博古纹青花罐

清康熙（1662~1722年）
高20.8厘米，口径9.5厘米，底径15厘米
1953年太岳行署移交

直口，丰肩，鼓腹，圈足。胎体洁白，胎质细腻，通体施釉，釉面光亮，青花浓艳，口沿外壁、肩部内侧以及圈足底端刮釉。肩部饰斜线纹，器身以冰梅纹为地，主题纹饰为两个菱花形开光，内绘博古纹和杂宝纹，外底绘青花双圈。

缠枝菊花纹青花罐

清康熙（1662~1722 年）
高 23 厘米，口径 9.2 厘米，底径 11.2 厘米
1960 年北京市征集

直口，短颈，丰肩，弧腹，圈足。胎体洁白，胎质细腻，通体施釉，釉面光亮，青花的深浅浓淡主要体现在菊花的花瓣上，整朵菊花两重花瓣，均为内深外浅，以此来表现花瓣的浓淡明暗。圈足底端刮釉。颈部饰变体莲瓣纹，肩、腹部均满绘缠枝菊花纹，近底处饰莲瓣纹，外底有“大清康熙年制”六字双行青花楷书款。

花鸟纹青花笔筒

清康熙（1662~1722年）
高15厘米，口径20.3厘米，底径20厘米
1958年上海博物馆调拨

直口，筒腹，玉璧底。胎体洁白，胎质细腻，通体施釉，釉面匀净，底部刮釉，外底中心内凹处有釉。外壁饰锦地开光，开光内绘飞凤纹和花卉纹，外壁顶部和底部饰云头纹，外底中心内凹处绘青花双圈。

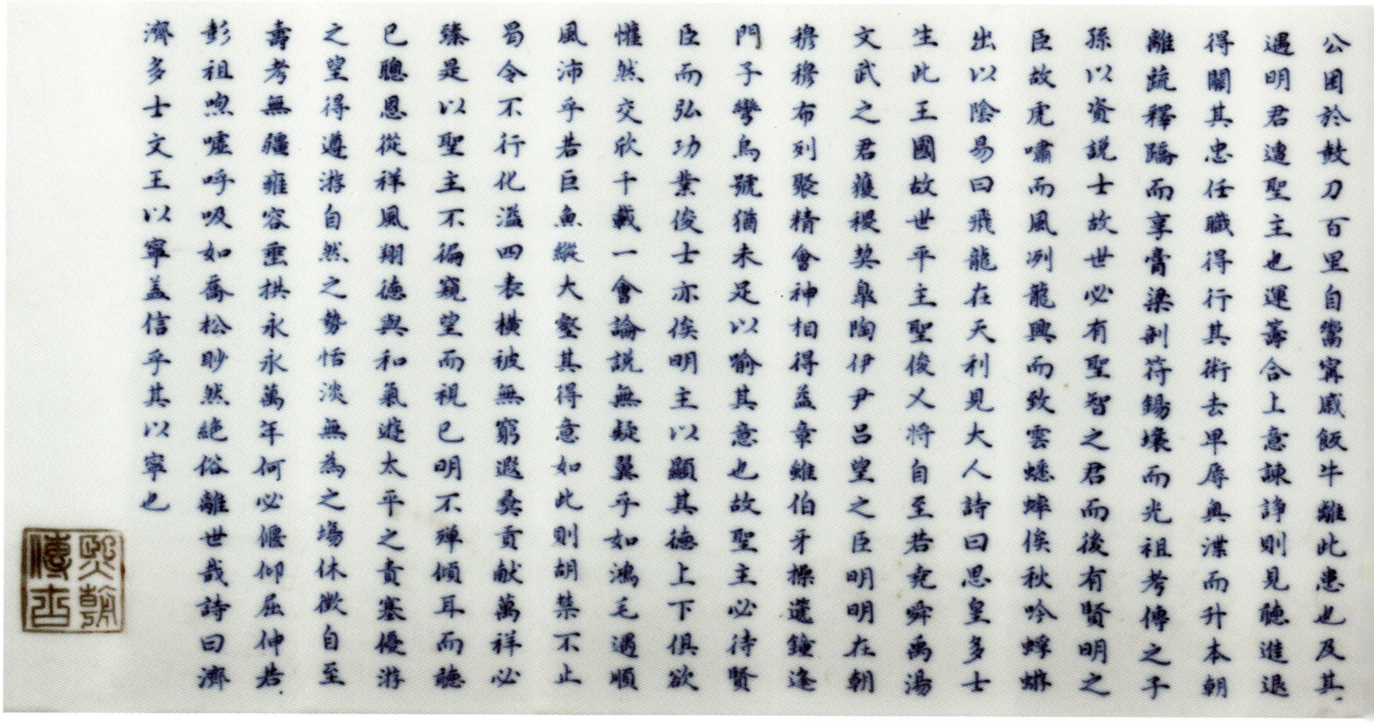
公困於鼓刀百里自當甯戚飯牛離此患也及其
遇明君遭聖主也運籌合上意諫諍則見聽進退
得關其忠任職得行其術去卑辱奧渫而升本朝
離疏釋蹻而享膏粱剖符錫壤而光祖考傳之子
孫以資說士故世必有聖智之君而後有賢明之
臣故虎嘯而風冽龍興而致雲蟋蟀俟秋吟蜉蝣
出以陰易曰飛龍在天利見大人詩曰思皇多士
生此王國故世平主聖俊乂將自至若堯舜禹湯
文武之君獲稷契皋陶伊尹呂望之臣明明在朝
穆穆布列聚精會神相得益章雖伯牙操遞鐘逢
門子彎烏號猶未足以喻其意也故聖主必待賢
臣而弘功業俊士亦俟明主以顯其德上下俱欲
懽然交欣千載一會論說無疑翼乎如鴻毛遇順
風沛乎若巨魚縱大壑其得意如此則胡禁不止
曷令不行化溢四表橫被無窮遐夷貢獻萬祥必
臻是以聖主不遍窺望而視已明不殫傾耳而聽
已聰恩從祥風翱德與和氣遊太平之責塞優游
之望得遵游自然之勢恬淡無為之場休徵自至
壽考無疆雍容垂拱永永萬年何必偃仰屈伸若
彭祖呴噓呼吸如喬松眇然絕俗離世哉詩曰濟
濟多士文王以寧蓋信乎其以寧也

濟多士文王以寧蓋信乎其以寧也
聖主得賢臣頌
夫荷旃被毳者難與道純綿之麗密羹藜唅糗者
不足與論太牢之滋味今臣僻在西蜀生於窮巷
之中長於蓬茨之下無有遊觀廣覽之知顧有至
愚極陋之累不足以塞厚望應明旨雖然敢不略
陳愚心而抒情素記曰恭惟春秋法五始之要在
乎審己正統而已夫賢者國家之器用也所任賢
則趨舍省而功施普器用利則用力少而就效衆
故工人之用鈍器也勞筋苦骨終日矻矻及至巧
冶鑄干將之樸清水淬其鋒越砥斂其鍔水斷蛟
龍陸剸犀革忽若篲氾畫塗如此則使離婁督繩
公輸削墨雖崇臺五層延袤百丈而不溷者工用

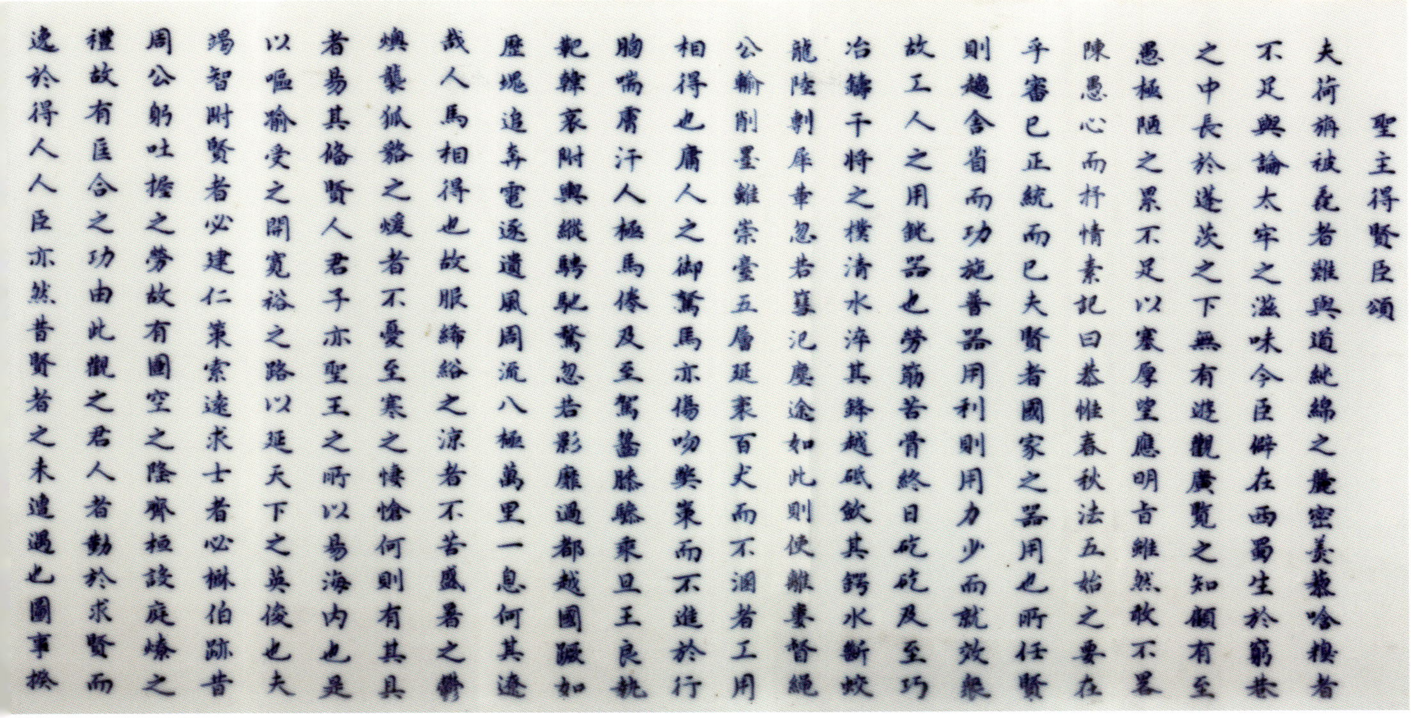
聖主得賢臣頌
夫荷旃被毳者難與道純綿之麗密羹藜唅糗者
不足與論太牢之滋味今臣僻在西蜀生於窮巷
之中長於蓬茨之下無有遊觀廣覽之知顧有至
愚極陋之累不足以塞厚望應明旨雖然敢不略
陳愚心而抒情素記曰恭惟春秋法五始之要在
乎審己正統而已夫賢者國家之器用也所任賢
則趨舍省而功施普器用利則用力少而就效衆
故工人之用鈍器也勞筋苦骨終日矻矻及至巧
冶鑄干將之樸清水淬其鋒越砥斂其鍔水斷蛟
龍陸剸犀革忽若篲氾塵塗如此則使離婁督繩
公輸削墨雖崇臺五層延袤百丈而不溷者工用
相得也庸人之御駑馬亦傷吻敝筴而不進於行
胸喘膚汗人極馬倦及至駕齧膝驂乘旦王良執
靶韓哀附輿縱騁馳騖忽若景靡過都越國蹶如
歷塊追奔電逐遺風周流八極萬里一息何其遼
哉人馬相得也故服絺綌之涼者不苦盛暑之鬱
燠襲狐貉之煖者不憂至寒之悽愴何則有其具
者易其備賢人君子亦聖王之所以易海內也是
以嘔喻受之開寬裕之路以延天下之英俊也夫
竭智附賢者必建仁策索遠求士者必樹伯跡昔
周公躬吐握之勞故有圄空之隆齊桓設庭燎之
禮故有匡合之功由此觀之君人者勤於求賢而
逸於得人人臣亦然昔賢者之未遭遇也圖事揆

“圣主得贤臣颂”青花笔筒

清康熙（1662~1722 年）

高 16.2 厘米，口径 17.5 厘米

1961 年北京市征集

直口，筒腹，平底，外底中心内凹。胎体坚致、细腻，釉面滋润、匀净，底部刮釉，外底中心内凹处有釉。外壁书馆阁体《圣主得贤臣颂》，笔画工整，字体娟秀，疏朗匀称，排列整齐，文末有釉里红“熙朝传古”篆书印章款，外底中心内凹处有“大清康熙年制”六字三行青花楷书款。《圣主得贤臣颂》是西汉王褒创作的骈文。

阿拉伯文青花筒式炉

清康熙（1662~1722 年）
高 14 厘米，口径 17 厘米，底径 17 厘米
1959 年上海博物馆调拨

直口，筒腹，三足。胎体细白，通体施釉，外底刮釉一圈。外壁饰有两个圆形开光，内书写阿拉伯文，开光间饰有折枝花卉纹，外底中心内凹处有“正德年制”四字青花楷书寄托款。

香草龙纹青花葵口碗

清康熙（1662~1722年）
高8.1厘米，口径19.3厘米，底径8厘米
旧藏

撇口，弧腹，圈足。胎体洁白，胎质细腻，通体施釉，釉面光亮，青花浓艳，圈足底部刮釉。口沿内绘龟背锦纹，碗心青花双圈内绘灵芝，外壁绘香草游龙，龙头小身长，线条粗犷，游于缠枝莲花间。

大明成化年製

人物纹青花花口碗

清康熙（1662~1722年）
高9.7厘米，口径21.2厘米，底径9厘米
1953年山西省太原市文物馆移交

花口，弧腹，腹部为八方造型，圈足。胎体洁白，通体施釉，足底刮釉。碗内壁顶部饰八个横向条形开光，开光内绘杂宝，碗心绘人物纹。外壁饰八个开光，开光内绘人物纹，近底处绘莲瓣纹，外底青花双圈内有“大明成化年制”六字双行青花楷书寄托款。

人物纹青花花口碗

清康熙（1662~1722 年）
高 4.3 厘米，口径 14.5 厘米，底径 6.2 厘米
1959 年上海博物馆调拨

花口，弧腹，圈足。胎体洁白，通体施釉，足底刮釉。花口内外皆用青花双线勾边，碗内绘青花人物、山石、流云和草木，外壁绘山石、亭台、树木和飞鸟。腹部与圈足交接处绘弦纹一条，圈足外壁绘双弦纹。外底青花双圈内有“大明嘉靖年制”六字双行青花楷书款。

教子纹青花碗

清康熙（1662~1722年）
高9.8厘米，口径20.7厘米，底径8.1厘米
1953年山西省太原市文物馆移交

敞口，斜折沿，弧腹，圈足。胎体洁白，胎质细腻，通体施釉，釉面光亮，青花青翠，圈足底部刮釉。折沿内外均饰有锦地开光四个，折沿内壁开光内绘折枝三果纹，折沿外壁开光内绘杂宝纹，碗心青花双圈内绘庭院婴戏图，外壁腹部绘教子图，外底青花双圈内有“大明成化年制”六字寄托款。

西厢记故事纹青花碗

清康熙（1662~1722 年）
高 9.5 厘米，口径 20.8 厘米
1960 年北京市征集

撇口，弧腹，圈足。胎体洁白，胎质细腻，通体施釉，釉面光亮，青花明亮，圈足底部刮釉。口沿内壁饰锦地开光折枝三果纹，碗心青花双圈内绘庭院婴戏图，外壁腹部绘青花人物故事图，故事内容选自西厢记，共有四个场景，分别为“隔墙唱和”“红娘送信”“暗约佳期”等，圈足外壁绘双弦纹。

缠枝莲纹青花碗

清康熙（1662~1722年）
高9厘米，口径19厘米，底径8.3厘米
1983年山西省太原市征集

敞口微撇，弧腹，圈足。胎体洁白，胎质细腻，通体施釉，釉面光亮，青花青翠明艳，圈足底部刮釉。内、外壁满绘缠枝莲花纹，外底青花双圈内有“大清康熙年制”六字青花楷书款。

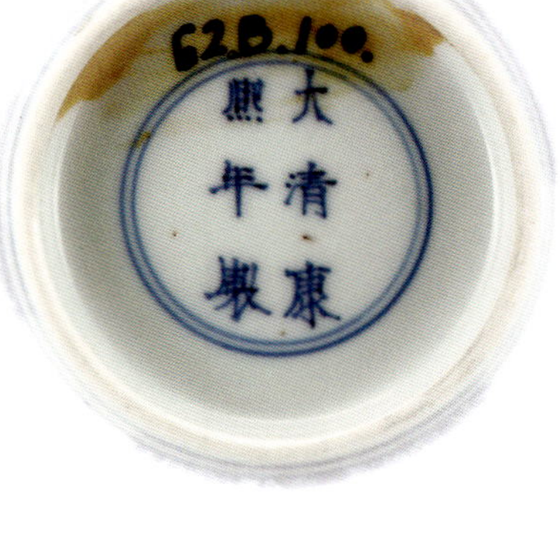

松竹梅纹青花碗

清康熙（1662~1722年）
高6.8厘米，口径15.3厘米
1960年北京市征集

敞口，弧腹，圈足。胎体洁白，胎质细腻，通体施釉，釉面光亮，足底刮釉。口沿内外壁以及圈足外壁均饰双弦纹，内底青花双圈内绘云纹，外壁绘松、竹、梅“岁寒三友”图，外底青花双圈内有“大清康熙年制”六字双行青花楷书款。

松竹梅纹青花盖碗

清康熙（1662~1722 年）

高 8.5 厘米，口径 10.3 厘米，底径 4 厘米

旧藏

撇口，垂腹，圈足。盖敞口，盖面呈弧形，圈纽。胎体洁白，胎质细腻，通体施釉，釉面匀净，圈足底部刮釉。盖碗外壁连体绘有青花松、竹、梅“岁寒三友”图。

仕女纹青花小碗

清康熙（1662~1722 年）
高 4.7 厘米，口径 8.5 厘米，底径 3.2 厘米
1961 年北京市征集

撇口，弧腹，圈足。胎体洁白，胎质细腻，通体施釉，釉面匀净，圈足底部刮釉。外壁绘青花庭院侍女图，一侍女坐于案前，案上置古琴、炉、瓶，案旁有芭蕉一株，另一侍女抱琵琶坐于洞石之上，洞石旁有雕栏、小草，碗心绘博古图，外底青花双圈内有“大明成化年制”六字青花楷书款。

仕女纹青花小碗

清康熙（1662~1722 年）

高 4.8 厘米，口径 8.5 厘米，底径 3.2 厘米

1961 年北京市征集

撇口，弧腹，圈足。胎体洁白，胎质细腻，通体施釉，釉面匀净，圈足底部刮釉。外壁绘青花庭院侍女图，一侍女坐于案前，案上置古琴、炉、瓶，案旁有芭蕉一株，另一侍女抱琵琶坐于洞石之上，洞石旁有雕栏、小草，碗心绘博古图，外底青花双圈内有“大明成化年制”六字青花楷书款。

折枝牡丹纹青花大盘

清康熙（1662~1722 年）
高 7.4 厘米，口径 35.4 厘米，底径 19.3 厘米
1933 年山西省太原市征集

敞口，浅弧腹，双圈足。胎体洁白，通体施釉，双圈足之间刮釉。口沿内壁饰云头纹两周，内底双弦纹内绘折枝牡丹纹。牡丹花瓣边缘均设留白，结合青料的深浅浓淡，赋予了牡丹花极强的立体感。

凤凰牡丹纹青花大盘

清康熙（1662~1722 年）
高 6.5 厘米，口径 33.2 厘米，底径 20 厘米
1986 年钱自在先生捐献

敞口微撇，浅弧腹，双圈足。胎体洁白，胎质细腻，通体施釉，釉面滋润，青花色调清新淡雅，圈足底部刮釉。口沿内壁饰弦纹，盘内绘凤凰牡丹纹，两只凤凰相望嬉戏立于山石之上，牡丹盛开，争奇斗艳。

海马纹青花盘

清康熙（1662~1722年）
高4.2厘米，口径15.7厘米，底径7.1厘米
1953年山西省太原市文物馆移交

花口，弧腹，圈足。胎体洁白，通体施釉，足底刮釉。花口内外皆用青花双线勾边，内底绘落花流水海马纹，海浪呈旋涡状，海马奔腾其间，外壁绘海水纹，外底青花双圈内书“大明嘉靖年制”六字双行青花楷书寄托款。海马纹题材在嘉靖时期尤为流行，但此器无论是胎釉亦或青花都具有康熙时期的典型特征，年代应为康熙时期。

缠枝莲纹青花盘

清康熙（1662~1722 年）
高 3.8 厘米，口径 7.4 厘米
1962 年故宫博物院调拨

敞口，浅弧腹，圈足。胎体洁白，胎质细腻，通体施釉，釉面光亮，青花呈色浓艳，圈足底部刮釉。口沿内壁饰弦纹，盘内、外壁均绘青花缠枝莲纹，外底青花双圈内有“大清康熙年制”六字青花楷书款。此盘运用了粗细双线并行的绘画技法来表现枝叶的明暗和阴阳。

龙凤纹青花盘

清康熙（1662~1722 年）
高 6.8 厘米，口径 39.2 厘米，底径 23 厘米
旧藏

撇口，浅弧腹，圈足。胎体洁白，通体施釉，足底刮釉。口沿内绘弦纹一条，盘内绘青花龙凤纹，外壁绘杂宝纹，外底青花双圈内有青花花押款。

花果纹青花盘

清康熙（1662~1722 年）
高 6.6 厘米，口径 34.2 厘米，底径 20.3 厘米
1958 年上海博物馆调拨

撇口，浅弧腹，双圈足。胎体洁白，通体施釉，双圈足之间刮釉。口沿内绘弦纹一条，盘内绘折枝花果纹，外壁绘杂宝纹，外壁顶部和底部各饰弦纹一条。

缠枝莲纹青花盆

清康熙（1662~1722 年）
高 25 厘米，口径 52.5 厘米，底径 24 厘米
1983 年北京市征集

敞口微撇，斜直腹，圈足。胎体洁白，外壁施釉，釉色泛青，青花青翠浓艳。外壁绘青花缠枝莲纹，莲花呈团花，花瓣、花叶边缘留白。

缠枝花卉纹青花双耳扁壶

清雍正（1723~1735年）
高23.5厘米，口径4.2厘米，底7.4×5.2厘米
旧藏

直口，短颈，扁腹呈球形，圈足，颈部附对称双耳与肩部相连。胎体洁白，胎质细腻，通体施釉，釉面滋润，足底刮釉。颈部饰花卉纹，腹部满饰缠枝花卉纹，枝叶翻卷，花朵盛开，纹饰流畅、舒展。

成化
年製

人物故事纹青花笔筒

清雍正（1723~1735 年）
高 12.3 厘米，口径 10 厘米，底径 8.8 厘米
1962 年北京市征集

侈口，筒形腹，圈足。胎体洁白，胎质细腻，通体施釉，釉面光亮，足底刮釉。外壁一侧绘青花人物故事图，另一侧为楷书文字：“你道俺倦驴儿行须慢，怎知我热心肠不放宽，加鞭赶上了翠眉娘，重相见。”后有“青云居玩”款和一小方章。外底有“成化年制”四字双行青花楷书寄托款。

松竹梅纹青花小罐

清雍正（1723~1735年）
高8厘米，口径4厘米
1962年北京市征集

唇口，短颈，丰肩，弧腹，圈足。胎体洁白，胎质细腻，通体施釉，釉面匀净、光亮，足底刮釉。颈部饰云纹，肩部饰卷草纹，腹部绘“岁寒三友”松、竹、梅，外底青花双圈内有“大清雍正年制”六字双行青花楷书款。

松竹梅纹青花小罐

清雍正（1723~1735年）
高8厘米，口径4厘米
1962年北京市征集

唇口，短颈，丰肩，弧腹，圈足。胎体洁白，胎质细腻，通体施釉，釉面匀净、光亮，足底刮釉。颈部饰云纹，肩部饰卷草纹，腹部绘“岁寒三友”松、竹、梅，外底青花双圈内有“大清雍正年制”六字双行青花楷书款。

杂宝纹青花净水碗

清雍正（1723~1735 年）
高 9.4 厘米，口径 7.6 厘米
1962 年北京征集

敞口，弧腹，喇叭高足。胎体洁白，胎质细腻，通体施釉，釉面匀净、光亮，足底刮釉。口沿外壁绘青花双弦纹，外壁上部饰杂宝纹，下部饰勾连纹，高足内壁下缘从右至左有“大清雍正年制”六字青花楷书款。

梵文青花小碗

清雍正（1723~1735 年）
高 3 厘米，口径 9.2 厘米
1961 年北京市征集

敞口，弧腹，圈足。胎体洁白，胎质细腻，通体施釉，釉面匀净、滋润、光亮，足底刮釉。口沿外壁饰双弦纹，腹部绘莲花托梵文，外底青花双方框内有“大清雍正年制”六字双行青花楷书款。

缠枝花卉纹青花大盘

清雍正（1723~1735 年）
高 9.2 厘米，口径 45 厘米，底径 25 厘米
旧藏

折沿，弧腹，圈足。胎体洁白，胎质细腻，通体施釉，足底刮釉。折沿上绘青花海水波涛纹，内壁绘缠枝花卉纹，内底青花双圈内为折枝花卉，外壁腹部绘缠枝花卉纹，外底青花双圈内有“大清雍正年制”六字青花楷书款。纹饰题材仿造宣德盘。

双龙赶珠纹青花盘

清雍正（1723~1735 年）
高 3.8 厘米，口径 17.2 厘米
1962 年故宫博物院调拨

撇口，弧腹，圈足。胎体洁白，胎质细腻，通体施釉，釉面滋润、匀净、光亮，足底刮釉。口沿内外均饰有双弦纹，内底青花双圈内绘云龙纹，外壁绘双龙赶珠，外壁与圈足交接处绘弦纹一条，外底青花双圈内有“大清雍正年制”六字双行青花楷书款。

云鹤九桃纹青花盘

清雍正（1723~1735 年）
高 4.9 厘米，口径 21.3 厘米
1962 年故宫博物院调拨

敞口，弧腹，圈足。胎体洁白，胎质细腻，通体施釉，釉面滋润、匀净、光亮，足底刮釉。口沿内外均饰有双弦纹，内底青花双圈内绘桃树、洞石和小草，外壁绘云鹤纹，圈足外壁饰双弦纹，外底青花双圈内有“大清雍正年制”六字双行青花楷书款。

缠枝莲纹青花盘

清雍正（1723~1735 年）
高 6.3 厘米，口径 27.4 厘米
1962 年故宫博物院调拨

敞口，弧腹，圈足。胎体洁白，胎质细腻，通体施釉，釉面光亮，足底刮釉。口沿内壁饰卷草纹，内壁绘缠枝花卉纹，内底青花双圈内绘青花缠枝花卉纹一组，口沿外壁饰雷纹，外壁绘缠枝花卉纹，外底青花双圈内有“大清雍正年制”六字双行青花楷书款。

束莲纹青花盘

清雍正（1723~1735 年）
高 3.2 厘米，口径 13.6 厘米
1962 年故宫博物院调拨

敞口，浅弧腹，圈足。胎体洁白，胎质细腻，通体施釉，釉面光亮，足底刮釉。口沿内壁饰缠枝花，盘心绘束莲纹，外底青花双圈内有“大清雍正年制”六字双行青花楷书款。

大清雍正年製

梵文青花碟

清雍正（1723~1735年）
高2.6厘米，口径11.1厘米，底径6.8厘米
1986年钱自在先生捐献

敞口，弧腹，圈足。胎体洁白，胎质细腻，通体施釉，釉面光亮，足底刮釉。口沿内壁绘青花双弦纹，内底青花双圈内绘“十”字宝杵纹，外壁饰青花梵文，外底青花双圈内有“大清雍正年制”六字双行青花楷书款。

缠枝花卉纹青花洗

清雍正（1723~1735 年）
高 5.5 厘米，口径 24 厘米
1962 年山西省太原市征集

侈口，折沿斜腹，五足均匀分布于足底。釉面光亮，底部刮釉，胎质洁白细腻。器身及内底绘缠枝花卉纹，色泽淡雅。

缠枝莲纹青花尊

清乾隆（1736~1795 年）
高 51 厘米，口径 19.5 厘米
1962 年故宫博物院调拨

撇口，粗颈，圆肩，斜直腹，撇足，肩部左右为双狮铺首耳。器形典雅，制作精细，胎体厚实，釉面润泽，青花色泽浓艳青翠，着意追仿永宣青花发色的晕散效果。器足及口沿绘海水纹，腹部主题纹饰为缠枝莲纹，上托佛教八吉祥纹，颈部亦绘缠枝莲纹。底部有“大清乾隆年制”六字篆书款。通体画工严谨流畅，端庄大方，为乾隆官窑精品。

缠枝莲纹青花尊

清乾隆（1736~1795 年）
高 39.5 厘米，口径 12.2 厘米，
底径 12.8 厘米
旧藏

撇口，曲颈，溜肩，深长腹。青花色泽淡雅，釉面光亮。颈部以淡描青花绘细密的蕉叶纹，肩部饰一周如意云纹，腹部主题纹饰为缠枝莲花，莲瓣之间以留白来体现层次感，构图较为疏朗，胫部一圈变形仰莲纹。

折枝莲纹青花棒槌瓶

清乾隆（1736~1795 年）
高 30.4 厘米，口径 4.6 厘米，
底径 8.4 厘米
1962 年故宫博物院调拨

直口，细长直颈，折肩，深长腹，圈足。器施白釉，釉面光洁，青花色泽明亮。口沿、肩部、圈足所绘卷草纹相互呼应，颈部饰缠枝花卉纹，肩部有一圈变体莲纹，腹部饰分格的串枝纹，底部书“大清乾隆年制”六字篆书款。花卉边缘均做出铁锈斑痕迹，这是乾隆时期仿烧永宣瓷器的典型特征。

夔纹青花盂口瓶

清乾隆（1736~1795 年）
高 20.2 厘米，口径 3.4 厘米，底径 6.5 厘米
1962 年故宫博物院调拨

盂口，长颈，折肩，圈足外撇。胎体坚质，青花色泽浓郁纯正。颈部绘蕉叶，主题纹饰为夔龙纹，近底处为仰莲纹。

缠枝莲纹青花贯耳瓶

清乾隆（1736~1795 年）
高 19.5 厘米，口径 5.5 厘米
1962 年故宫博物院调拨

洗口，长颈，丰肩，双贯耳，弧腹，浅圈足。釉面洁白，青花发色浓艳。颈饰海水纹，耳绘回纹，肩和胫部饰蕉叶纹，腹部主题纹饰为缠枝纹，外底有“大清乾隆年制”六字三行青花篆书款。

折枝花卉纹青花蒜头瓶

清乾隆（1736~1795 年）
高 27.7 厘米，口径 3.1 厘米
1962 年故宫博物院调拨

蒜头口，长颈，溜肩，鼓腹，圈足。通体青花装饰，腹部绘主题纹饰折枝花卉纹，以璎珞纹、连续回纹、莲瓣纹等做辅助装饰。此瓶造型秀美，青花发色浓艳纯正。

福寿纹青花扁瓶

清乾隆（1736~1795 年）
高 24.5 厘米，口径 5.6 厘米
1962 年故宫博物院调拨

撇口，长颈，双如意云头形耳，扁腹，方圈足。青花发色浓艳。以青花为饰，器身满绘缠枝花卉纹，腹部中心暗刻桃形开光，内绘蝙蝠、寿桃，外底有“大清乾隆年制”六字三行青花篆书款。纹饰、造型仿明代永宣器。

团花纹青花撇口瓶

清乾隆（1736~1795 年）
高 14.4 厘米，口径 4.6 厘米
1962 年故宫博物院调拨

撇口，曲颈，长弧腹，圈足。青花色泽明快，釉面洁白光亮。颈部绘璎珞纹，肩部一周卷草纹，腹部的主题纹饰为团花灵芝。底以青花篆书有“大清乾隆年制”六字三行款。

鱼化龙纹青花高足盘

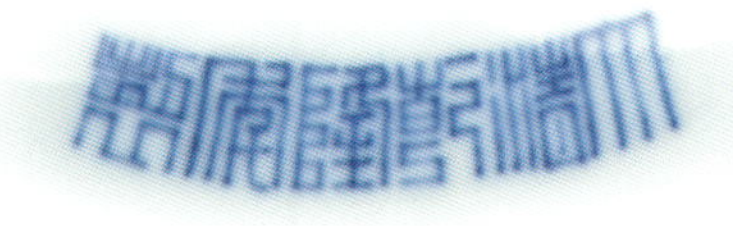

清乾隆（1736~1795 年）
高 18.3 厘米，口径 22.1 厘米，底径 17.2 厘米
1983 年山西省太原市征集

直口浅平盘，喇叭状中空高足。青花色泽青翠，色阶丰富。盘外壁绘连续套勾纹一周，足墙绘海水鱼龙变化图，器底边缘有“大清乾隆年制”六字单行篆书款。

鱼龙变化是清代典型纹饰，寓意金榜题名，高升荣昌。

大清乾隆年製

缠枝莲托八宝纹青花碗

清乾隆（1736~1795 年）
高 9.3 厘米，口径 18.1 厘米，底径 7.8 厘米
1986 年钱自在先生捐献

撇口，垂腹，圈足。碗内青花双圈内绘寿字纹，周饰一圈八宝，外壁口沿饰卷云纹，腹部主题纹饰是缠枝莲托八宝纹寿字纹，近底处饰莲瓣纹，碗外底书“大清乾隆年制”六字青花篆书款。此碗纹饰细腻，线条流畅。

“八宝”是我国最常见的传统装饰图案之一，即轮、螺、盖、伞、花、罐、鱼、肠八种。

青花爵杯

清乾隆（1736~1795 年）
高 12.2 厘米
1959 年上海博物馆调拨

爵杯仿青铜爵器形，前有椭圆流，尾部圆尖，左右有双柱立于口沿，腹部一侧有鋬，器腹下承三足。器内纯白无纹饰。青花蓝中泛灰，有轻微晕散。杯身绘仙鹤、十字云纹，三足各饰一组变形花纹，器底有“乾隆年制”四字双行青花篆书款。

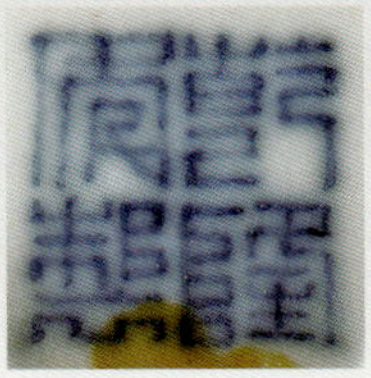

青花爵杯山盘

清乾隆（1736~1795年）
高7.1厘米，口径16.3厘米
1959年上海博物馆调拨

托盘折沿，平底，底有四如意形足，盘中央突起一座三山形支柱，三山之间略凹并有三孔隙，供瓷爵的腹部及三足歇放，故称“歇爵山盘”。山形支柱上绘有海水山崖，四周饰仙鹤、祥云，盘外画折枝番莲花四组，盘底中心有“乾隆年制”四字双行青花篆书款。

62.B.165

八卦纹青花小盘

清乾隆（1736~1795 年）
高 2.5 厘米，口径 10.9 厘米
1961 年北京市征集

敞口，斜直壁，折腹，圈足较高。器施满釉，色泽泛青，青花浓艳。盘内绘八卦纹，周围饰一周西番莲，外壁绘卷云纹，外底有“大清乾隆年制”六字双行青花篆书款。

缠枝牡丹纹青花攒盒

清嘉庆（1796~1820年）
高9.5厘米，口径20.8厘米，底径15厘米
1953年山西省太原市文物馆移交

盖与盒均为盘状，子母口，盖有喇叭形捉手，底为圈足。器身满饰青花缠枝牡丹纹，牡丹侧开，花瓣以篦划纹为装饰，器内分格，器底绘以青花方块款。

青花镂空罩灯

清嘉庆（1796~1820 年）
高 19 厘米，腹径 13 厘米，底径 8.5 厘米
1953 年山西省太原市文物馆移交

罩灯分上下两部分，子母口盖合。整体青花色泽淡雅，釉面白中泛青。上为筒形灯罩，顶部有圆形捉手，顶面与腹部有镂空，用以透光，器身淡描卷叶纹。下部为盘状，直口，折腹，圈足，绘海水纹。

青花镂空罩灯

清嘉庆（1796~1820 年）
高 20 厘米，腹径 13 厘米，底径 9 厘米
1953 年山西省太原市文物馆移交

罩灯分上下两部分，子母口盖合。整体青花色泽淡雅，釉面白中泛青。上为筒形灯罩，顶部有圆形捉手，顶面与腹部有镂空，用以透光，器身淡描卷叶纹。下部为盘状，直口，折腹，圈足，绘海水纹。

文竹纹青花瓶

清道光（1821~1850 年）
高 63.5 厘米，口径 21.6 厘米
旧藏

撇口，长颈，溜肩，弧腹，撇胫，圈足。青花浓艳，釉色洁白。颈部饰一周变形仰莲纹，腹部绘文竹，青花涂色为地，竹子留白。器型规整，造型隽秀。

夔凤纹青花大碗

清道光（1821~1850 年）
高 8.8 厘米，口径 23.4 厘米
1962 年故宫博物院调拨

敞口，浅腹，圈足。釉白玻璃质感强烈，青花浓艳青翠。外壁绘夔凤穿花纹，四只夔凤展翅翩飞于缠枝花卉之间，翻飞如火焰，羽蔓相绕。绘法细腻，布局繁密。碗口沿、胫部加饰弦纹，底部有“大清道光年制”六字双行青花篆书款。

八仙纹青花碗

清道光（1821~1850 年）
高 6.7 厘米，口径 14.6 厘米
1962 年故宫博物院调拨

撇口，斜腹，圈足。釉面洁白光亮，青花灰蓝。口沿内外均饰青花双弦纹，碗内心绘福、禄、寿三星松下闲谈。外壁描绘八仙过海图，人物之间以祥云相隔。外底有“大清道光年制”六字双行青花篆书款。

梵文团花纹青花碗

清道光（1821~1850 年）
高 8.4 厘米，口径 17.8 厘米
1962 年故宫博物院调拨

敞口，斜腹，圈足。胎体细腻，迎光可见另面纹饰，釉面洁白光润，青花色浓微沉。口沿内外各有双圈弦纹，碗心为一朵青花浓淡相间的轮花，外环饰缠枝花卉纹一周，间饰以五个梵文，外壁亦饰此纹饰，底书“大清道光年制”六字青花篆书款。

缠枝花卉纹青花碗

清道光（1821~1850年）
高6.1厘米，口径15.1厘米
1962年故宫博物院调拨

撇口，弧腹，圈足。青花色泽浓郁深沉，胎体细薄，釉色洁白。外壁绘缠枝花，布局繁密，穿插的茎蔓细劲，花卉朵大并蒂，小花叶翻转柔韧，内壁中心绘一朵轮花，周身环绕有繁密的三组连续几何纹，底书“大清道光年制”六字青花篆书款。

缠枝莲纹青花盘

清道光（1821~1850年）
高5厘米，口径27厘米
1962年故宫博物院调拨

敞口，浅弧腹，圈足。釉色洁白，青花鲜艳。盘内心绘缠枝莲，莲瓣边缘留白，茎蔓弯曲细长，外壁绘一周单向缠枝莲纹，纹饰风格亦如盘心。底足中心有“大清道光年制”六字青花篆书款。此盘造型端庄，图案工整隽秀。

缠枝牡丹纹青花天球瓶

清中期
高 37.2 厘米，口径 8 厘米，
腹径 23 厘米，底径 11 厘米
旧藏

直口，长颈，丰肩，圆鼓腹，圈足。青花色泽明快，釉面洁白滋润。器身满绘青花缠枝牡丹纹，叶脉舒朗，牡丹花瓣以篦划纹装饰，笔法流畅精细。

缠枝花卉纹青花赏瓶

清光绪（1875~1908 年）
高 38.8 厘米，口径 9.9 厘米，
底径 13.1 厘米
1983 年山西省太原市征集

撇口，细长颈，圆腹，圈足。通体以青花装饰，口沿绘海水纹，颈部绘蕉叶纹、如意云头纹，肩部绘缠枝莲纹和如意云头纹，以凸起的弦纹分割，腹部绘缠枝花，近足处绘仰莲纹，足墙绘卷枝纹，足内书“大清光绪年制”六字双行楷书款。此器为清代传统赏瓶样式。

折枝花卉纹青花大盒

清光绪（1875~1908 年）
高 17.5 厘米，口径 29.2 厘米，底径 17.4 厘米
1983 年山西省太原市征集

盒扁圆形，子母口盖合，圈足。青花色沉，釉面洁白，器型雅致。器内施白釉，外壁上下各绘四组花卉，盖顶部一圆形开光内绘正面龙纹，器底书“体和殿制”四字青花篆书款。

体和殿建于光绪十年，位于故宫西六宫内，专为庆贺慈禧太后五十岁寿辰而建。而署有“体和殿制”款的瓷器则烧成于光绪十二年（1886年），即为庆贺慈禧五十二岁生日而制。

海怪纹青花碗

清宣统（1909~1911 年）
口径 21.3 厘米，底径 9 厘米
1962 年北京市征集

敞口，弧腹，圈足。釉面洁白，青花浓重，色有层次。碗心青花绘海水龙纹，外壁绘飞鱼、海马、飞象等九种海中灵兽，并以海涛纹衬托，底书“大清宣统年制”六字双行青花款。

海怪纹最早出现在《山海经》，明宣德时期开始在瓷器上出现，清乾隆以后成为官窑瓷器的一种定式题材。

“八仙过海”纹青花双耳瓶

清晚期
高 63.8 厘米，口径 20.2 厘米
旧藏

盘口，长颈，颈附双青花螭耳，折肩，深腹，圈足。青花湛蓝明亮，釉色洁白。口沿一周连续回文，颈部为变形仰莲纹，肩部绘云蝠纹。主题纹饰描绘的是“八仙过海”的神话故事。胫部为海浪纹。

“五老观图”纹青花双耳瓶

清晚期

高 64 厘米，口径 20.2 厘米

1953 年山西省省府文管会文物室移交

盘口，长颈，颈附双青花螭耳，溜肩，深腹，圈足。青花湛蓝明亮，釉色洁白。口沿饰一周连续回文，颈部为变形仰莲纹，肩部绘云蝠纹，主题纹饰是“五老观图”的神话故事，胫部为海浪纹。

山水纹青花瓶

清晚期
高 45.5 厘米，口径 18 厘米，
腹径 22 厘米，底径 15 厘米
1953 年山西省太原市文物馆移交

撇口，长颈，溜肩，深腹，圈足。胎质细腻，足底一圈露胎，釉色粉白，青花色泽淡雅。整器青花绘山水人物楼阁，山峦叠起，皴法用笔细密工致，佛塔掩于山间，山下水榭、楼阁依水而建，亭内和湖中舟上点缀以人物。笔法细腻，布局疏密有致，画风脱俗。

刀马人物故事纹青花瓶

清晚期
高 25. 厘米，口径 7 厘米，底径 6 厘米
1953 年山西省太原市文物馆移交

口似盂形，束颈，深长腹，圈足。釉白微有杂质，青花灰蓝深沉，色有分阶。口沿下缘及颈部分别绘折枝花卉纹，腹部主题纹饰是“刀马人”故事，画面生动活泼。底有青花双圈。

所谓“刀马人”，就是以描绘战争场面为主的戏剧故事的纹饰。明末清初，陈老莲一派所绘小说插画对此纹饰有很大影响，至康熙时期最为盛行，大多在人物面部轻点口目。取材多为当时流行的小说、版画、戏曲故事，多见于民窑青花瓷及五彩器。

人物纹青花方瓶

清晚期
高 29.8 厘米，口长 9.6 厘米，
腹长 16 厘米，底长 8.8 厘米
旧藏

方撇口，曲颈，折肩，肩两侧各附一青花螭口衔环，方形腹，底为方圈足，足底一周露胎。胎质细腻，釉色白中泛青，青花色泽浅淡。颈部绘山川及雷神，腹部主题纹饰为两军对垒的“刀马人”，远山皴法细密，近处的刀马人形象威猛，提刀跨马，声势浩大。